KULINARIČNI SPREMLJEVALEC LJUBITELJEV LIMON

100 svežih in okusnih receptov za popestritev vašega kulinaričnega repertoarja

Suzana Zupanc

Avtorski material ©2024

Vse pravice pridržane

Nobenega dela te knjige ni dovoljeno uporabljati ali prenašati v kakršni koli obliki ali na kakršen koli način brez ustreznega pisnega soglasja založnika in lastnika avtorskih pravic, razen kratkih citatov, uporabljenih v recenziji. Ta knjiga se ne sme obravnavati kot nadomestilo za zdravniški, pravni ali drug strokovni nasvet.

KAZALO

KAZALO..3
UVOD..7
ZAJTRK..8
1. Limonini krofi s pistacijami.........................9
2. Limonino kokosovi mafini...........................12
3. Borovničevo-limonini kolački.....................14
4. Skodelice z limono makadamije.................17
5. Angleški mafin z limoninim timijanom......19
6. Borovničevo limonin ovseni kosmič...........22
7. Vaflji z borovnicami in limonino lupinico...24
8. Borovničevi limonini rogljički.....................27
9. Čaj z limonino meto....................................29
10. Lemon Cheese Buns..................................31
11. Limonini mafini...34
PREDJEDI IN PRIGRIZKI..............................37
12. Limonin Churros..38
13. Lemon Jalapeño Pretzel Bites..................41
14. Limonine ploščice......................................44
15. Limonini krekerji.......................................47
16. Čipsi z limoninim poprom.........................49
17. Pecivo z limonino skuto............................51
18. Limonina verbena Madeleines..................54
19. Lemon Brownies.......................................57
20. Mini limonine ploščice..............................59
21. Limonadni tartufi......................................61
SLADICA..64
22. Lemon Mirror Glaze Macarons.................65
23. Eclairs s pistacijo in limono.....................70
24. Goji, pistacija in limonin kolač.................76
25. Limonina meringue-pistacijeva pita........79
26. Limonino jagodno mousse torta..............82
27. Mousse iz limone češnje in oreščkov.......86

28. Limonina ledena torta z rabarbarino omako...............89
29. Puding v oblaku z limono in rabarbaro.....................93
30. Rabarbara limonina tofu pita.......................................96
31. Limonin sorbet..98
32. Mini limonine tartlete..100
33. Parfeji limonine meringue pite..................................103
34. Limonin in sivkin kosmič...105
35. Limona Zabaglione...108
36. Meyerjeva limonina narobe obrnjena torta.............110
37. Limonine posode de Creme.......................................114
38. Francoski makaroni z limono...................................117
39. Lemon Brûlée tart..121
40. Lemon Ice Brûlée s karamelo....................................124
41. Lemon Curd Gelato..127
42. Satovjasta limonina torta..129
43. Mousse iz limonine skute..132
44. Limonin Semifreddo...134
45. Sendviči z limoninim sladoledom.............................136
GLAZURA IN GLAZURA..139
46. Limonina glazura...140
47. Malinova limonadna glazura....................................142
48. Glazura z limoninim maslom...................................144
49. Glazura z limoninim makom....................................146
LIMONADE..148
50. Klasična sveže iztisnjena limonada.........................149
51. Limonada roza grenivke..151
52. Mimoze z malinovo limonado...................................153
53. Špricer z jagodno limonado......................................155
54. Limonada zmajevega sadja.......................................157
55. Limonada s kivijem..159
56. Malinova kefirjeva limonada....................................161
57. Limonada iz malin in koromača...............................163
58. Slivova limonada..165
59. Limonada iz granatnega jabolka..............................168
60. Češnjeva limonada...170

61. Borovničeva limonada..172
62. Peneča limonada s sokom opuncije.........................174
63. Limonada iz črnega grozdja.....................................176
64. Ličijeva limonada..178
65. Limonada iz jabolk in ohrovta e..............................180
66. Rabarbarina limonada...182
67. Limonada iz redkvice...184
68. Užitek kumarične limonade....................................186
69. Minty Kale limonada..188
70. Limonada iz pese...190
71. Limonada z metuljnim grahom..............................193
72. Limonada iz sivke..195
73. Limonada iz rožne vode..197
74. Limonada s sivko in kokosom.................................199
75. Sveža lila limonada e..202
76. Hibiskusova limonada...204
77. Bazilika limonada..207
78. Cilantro limonada..209
79. Limonada z borago..211
80. Limonada z limonino verbeno................................213
81. Rožmarinova limonada...215
82. Limonada iz limonske trave....................................217
83. Limonada hibiskus bazilika....................................219
84. Limonada z morskim mahom.................................221
85. Spirulina L emonada...223
86. Limonada z morskimi algami.................................225
87. Chlorella limonada..227
88. Matcha limonada iz zelenega čaja.........................229
89. Ledena kava limonada..231
90. Limonada Earl Grey...234
91. Breskova limonada s črnim čajem.........................236
92. Chai malinova limonada...238
93. Limonada Kombucha..240
94. Začinjena jabolčna limonada.................................242
95. Limonada s kurkumo...244

96. Masala limonada..246
97. Limonada s čajem..248
98. Limonada z vročo omako...251
99. Indijska začinjena limonada...253
100. Lavender Lemon Drop..256
ZAKLJUČEK...258

UVOD

Dobrodošli v "KULINARIČNI SPREMLJEVALEC LJUBITELJEV LIMON", veselem popotovanju v svet limon in njihovega izjemnega vpliva na kulinarično umetnost. Limone so si s svojim svetlim in poživljajočim okusom prislužile posebno mesto v srcih kuharjev in domačih kuharjev po vsem svetu. V tej kuharski knjigi vas vabimo, da raziščete vsestranskost in živahnost limon skozi zbirko 100 svežih in okusnih receptov.

Naše popotovanje po pokrajini, polni limon, vas bo seznanilo s čarovnijo tega superzvezdnika citrusov. Ne glede na to, ali ste izkušen kuhar ali začetnik v kuhinji, je ta knjiga vaš vodnik za vključevanje ostre, citrusne dobrote limon v vaše kulinarične kreacije. Od predjedi do sladic, od slanih do sladkih, odkrili boste neskončne možnosti, ki jih ponujajo limone, da popestrijo in popestrijo vaše jedi.

Ko se podajamo na to pustolovščino, polno citrusov, se pripravite na odkrivanje skrivnosti kuhanja z limonami in pustite, da njihova sončna lega spremeni vaše obroke. Torej, vzemite predpasnik, nabrusite nože in se nam pridružite pri popestritvi svojega kulinaričnega repertoarja s "Kulinaričnim spremljevalcem ljubiteljev limon."

ZAJTRK

1. Limonini krofi s pistacijami

SESTAVINE:
ZA KROFE:
- Sprej za kuhanje proti prijemanju
- ½ skodelice granuliranega sladkorja
- Naribana lupinica in sok 1 limone
- 1 ½ skodelice večnamenske moke
- ¾ čajne žličke pecilnega praška
- ¼ čajne žličke sode bikarbone
- ¼ čajne žličke soli
- ⅓ skodelice pinjenca
- ⅓ skodelice polnomastnega mleka
- 6 žlic. nesoljeno maslo, pri sobni temperaturi
- 1 jajce
- 2 žlički vanilijevega ekstrakta

ZA GLAZURO
- ½ skodelice navadnega grškega jogurta
- Naribana lupinica 1 limone
- ¼ čajne žličke soli
- 1 skodelica slaščičarskega sladkorja
- ½ skodelice praženih pistacij, sesekljanih

NAVODILA :
a) Za pripravo krofov predhodno segrejte pečico na 375 °F.

b) Vdolbinice pekača za krofe premažite s pršilom za kuhanje proti prijemanju.

c) V majhni skledi zmešajte granulirani sladkor in limonino lupinico. S konicami prstov vtrite lupinico v sladkor. V drugi skledi zmešajte moko, pecilni prašek, sodo bikarbono in sol. V merilni skodelici zmešajte pinjenec, polnomastno mleko in limonin sok.

d) V skledi stoječega mešalnika, opremljenega z nastavkom za lopatice, stepajte mešanico sladkorja in masla na srednji hitrosti, dokler ne postane rahlo in puhasto, približno 2 minuti. Postrgajte po stenah sklede. Dodajte jajce in vanilijo ter stepajte na srednji hitrosti, dokler se ne združi približno 1 minuto.

e) Pri nizki hitrosti dodajte mešanico moke v treh odmerkih, izmenično z mešanico mleka ter začnite in končajte z moko. Vsak dodatek stepajte, dokler se le ne zmeša.

f) Nalijte 2 žlici. testo v vsako pripravljeno jamico. Pecite tako, da pekač zavrtite za 180 stopinj na polovici pečenja, dokler zobotrebec, ki ga zapičite v krofe, ne izstopi čist, približno 10 minut. Pustite, da se ohladijo v pekaču na rešetki za hlajenje 5 minut, nato pa krofe obrnite na rešetko in pustite, da se popolnoma ohladijo. Medtem ponev operemo in osušimo ter ponovimo, da spečemo preostalo maso.

g) Za pripravo glazure v skledi zmešajte jogurt, limonino lupinico in sol.

h) Dodajte slaščičarski sladkor in mešajte, dokler ni gladka in dobro premešana.

i) Krofe z zgornjo stranjo navzdol pomočimo v glazuro, potresemo s pistacijami in postrežemo.

2. Limonino kokosovi mafini

SESTAVINE:
- 1 ¼ skodelice mandljeve moke
- 1 skodelica naribanega nesladkanega kokosa
- 2 žlici kokosove moke
- ½ čajne žličke sode bikarbone
- ½ čajne žličke pecilnega praška
- ¼ čajne žličke soli
- ¼ skodelice medu
- Sok in lupina 1 limone
- ¼ skodelice polnomastnega kokosovega mleka
- 3 jajca, razžvrkljana
- 3 žlice kokosovega olja
- 1 čajna žlička vanilijevega ekstrakta

NAVODILA:
a) Segrejte svojo pečico na 350 f. V manjši skledi zmešajte vse mokre sestavine.
b) V srednje veliki skledi zmešajte vse suhe sestavine.
c) Zdaj mokre sestavine vlijemo v skledo s suhimi sestavinami in zmešamo v testo.
d) Pustite, da testo stoji nekaj minut, nato pa ga ponovno premešajte. Zdaj namastite pekač za mafine in vsakega napolnite približno do dveh tretjin. Postavimo v pečico in pečemo približno 20 minut.
e) Pečenost muffina preverite tako, da v sredino zapičite zobotrebec, in če pride ven čist, je pripravljeno. Odstranite iz pečice, pustite, da se ohladi za minuto in postrezite!

3. Borovničevo-limonini kolački

SESTAVINE:
- 2 skodelici večnamenske moke
- 1 žlica pecilnega praška
- 2 žlički sladkorja
- 1 čajna žlička košer soli
- 2 unči rafiniranega kokosovega olja
- 1 skodelica svežih borovnic
- $\frac{1}{4}$ unče limonine lupinice
- 8 unč kokosovega mleka

NAVODILA:

a) V kuhinjskem robotu zmešajte kokosovo olje s soljo, sladkorjem, pecilnim praškom in moko.

b) To mešanico moke prenesite v skledo za mešanje.

c) Sedaj dodajte kokosovo mleko in limonino lupinico mešanici moke, nato dobro premešajte.

d) Dodamo borovnice in pripravljeno testo dobro premešamo do gladkega.

e) To borovničevo testo razvaljajte v 7-palčni krog in ga položite v pekač.

f) Borovničevo testo hladite 15 minut, nato pa ga narežite na 6 rezin.

g) Sear Plate obložite s pergamentnim listom.

h) Borovničeve rezine položite v obložen Sear Plate.

i) Prenesite kolačke v pečico Air Fryer in zaprite vrata.

j) Z vrtenjem gumba izberite način "Peka".

k) Pritisnite gumb TIME/SLICES in spremenite vrednost na 25 minut.

l) Pritisnite gumb TEMP/SHADE in spremenite vrednost na 400 °F.

m) Za začetek kuhanja pritisnite Start/Stop.

n) Postrezite sveže.

4. Skodelice z limono makadamije

SESTAVINE:
- ½ skodelice kokosovega masla
- ½ skodelice makadamije
- ½ skodelice kakavovega masla
- ¼ skodelice kokosovega olja
- ¼ skodelice Swerve, v prahu
- 1 žlica limonine lupinice, drobno naribane
- 1 čajna žlička moringe v prahu

NAVODILA:
a) Začnite tako, da vse sestavine, razen limonine lupinice in moringe, minuto zmešate v kuhinjskem robotu, da se vse povežejo.

b) Mešanico razdelite v dve skledi. Preden ga razdelite na pol, ga je treba čim bolj enakomerno razpoloviti.

c) Moringa v prahu je treba dati v ločeno skledo. V določeni jedi združite limonino lupinico in ostale sestavine.

d) Pripravite 10 mini skodelic za mafine, tako da jih do polovice napolnite z mešanico moringe in jih nato prelijete z žlico in pol vaše limonine mešanice. Dati na stran. Prepričajte se, da je stal v hladilniku vsaj eno uro, preden ga postrežete.

5. Angleški mafin z limoninim timijanom

SESTAVINE:

- Koruzni zdrob, za posip
- 1 žlica limonine lupinice
- 2 žlici granuliranega sladkorja
- 1 ½ skodelice bele polnozrnate moke
- 1 ½ skodelice večnamenske moke
- 1 žlica mletega svežega timijana
- 1 ½ čajne žličke soli
- ¼ čajne žličke sode bikarbone
- 1 žlica aktivnega suhega kvasa
- 1 skodelica nesladkanega navadnega mandljevega mleka (ali mleka po izbiri), segretega na 120 do 130°F
- ⅓ skodelice vode, segrete na 120 do 130°F
- 2 žlici olivnega olja

NAVODILA:

a) V posodi za mešanje zmešajte limonino lupinico in granulirani sladkor. Mešajte jih, dokler se dobro ne združijo. Ta korak pomaga sprostiti okus limone v sladkor.

b) V ločeni veliki skledi za mešanje zmešajte belo polnozrnato pšenično moko, večnamensko moko, mlet svež timijan, sol in sodo bikarbono.

c) Aktivni suhi kvas potresemo po topli mešanici mandljevega mleka in vode. Pustite stati približno 5 minut, dokler ne postane penasta.

d) Kvasno mešanico vlijemo v skledo z mešanico moke in dodamo mešanico limoninega sladkorja ter olivno olje. Vse mešajte, dokler ne nastane testo.

e) Testo zvrnemo na pomokano površino in ga gnetemo približno 5 minut, dokler ne postane gladko in elastično.

f) Testo damo nazaj v mešalno posodo, ga pokrijemo s čisto kuhinjsko krpo in pustimo vzhajati na toplem približno 1 uro oziroma dokler se ne podvoji.

g) Ko je testo vzhajano, ga preluknjamo in ponovno zvrnemo na pomokano površino. Razvaljajte ga na približno ½ palca debeline.

h) Z okroglim rezalnikom ali robom kozarca izrežite kroge angleških mafinov. Morali bi dobiti približno 12 krogov.

i) Pekač potresemo s koruzno moko in nanj položimo kroge mafinov. Po vrhu potresemo z dodatnim koruznim zdrobom. Pokrijemo jih s kuhinjsko krpo in pustimo počivati približno 20-30 minut.

j) Segrejte rešetko ali večjo ponev na srednjem ognju. Mafine pečemo približno 5-7 minut na vsaki strani oziroma dokler niso zlato rjavi in pečeni.

k) Ko so pečeni, pustite, da se mafini nekoliko ohladijo, preden jih razkosate z vilicami in popečete.

l) Domače angleške mafine z limoninim timijanom postrezite tople s svojimi najljubšimi namazi ali prelivi. Uživajte!

6. Borovničevo limonin ovseni kosmič

SESTAVINE:

- ¼ skodelice nemastnega grškega jogurta
- 2 žlici borovničevega jogurta
- ¼ skodelice borovnic
- 1 čajna žlička naribane limonine lupinice
- 1 čajna žlička medu

NAVODILA:

a) Zmešajte oves in mleko v 16-unčnem kozarcu; prelijte z želenimi prelivi.

b) Hladite čez noč ali do 3 dni; postrežemo hladno.

7. Vaflji z borovnicami in limonino lupinico

SESTAVINE:
- 2 skodelici večnamenske moke
- 2 žlici granuliranega sladkorja
- 1 žlica pecilnega praška
- ½ čajne žličke soli
- Lupina 1 limone
- 2 veliki jajci
- 1¾ skodelice mleka
- ⅓ skodelice nesoljenega masla, stopljenega
- 1 čajna žlička vanilijevega ekstrakta
- 1 skodelica svežih borovnic

NAVODILA:
a) Predgrejte pekač za vaflje v skladu z navodili proizvajalca.
b) V veliki skledi za mešanje zmešajte moko, sladkor, pecilni prašek, sol in limonino lupinico.
c) V ločeni skledi stepemo jajca. Dodajte mleko, stopljeno maslo in vanilijev ekstrakt. Mešajte, dokler se dobro ne združi.
d) Mokre sestavine vlijemo v suhe sestavine in mešamo, dokler se le ne združijo. Ne premešajte; nekaj grudic je v redu.
e) Sveže borovnice nežno vmešajte v testo.
f) Pekač za vaflje rahlo namastite s pršilom za kuhanje ali premažite s stopljenim maslom.
g) Testo vlijte na predhodno segret pekač za vaflje, pri čemer uporabite priporočeno količino glede na velikost vašega pekača za vaflje.
h) Zaprite pokrov in kuhajte, dokler vaflji ne postanejo zlato rjavi in hrustljavi.

i) Vaflje previdno vzemite iz likalnika in jih prestavite na rešetko, da se nekoliko ohladijo.
j) Postopek ponavljamo s preostalim testom, dokler niso vsi vaflji pečeni.
k) Vaflje z borovnicami in limonino lupinico postrezite tople z dodatnimi svežimi borovnicami, posipom sladkorja v prahu, kančkom javorjevega sirupa ali kančkom stepene smetane.

8. Borovničevi limonini rogljički

SESTAVINE:

- Osnovno testo za rogljičke
- ½ skodelice borovnic
- 2 žlici granuliranega sladkorja
- 1 žlica koruznega škroba
- 1 žlica limonine lupinice
- 1 jajce stepeno z 1 žlico vode

NAVODILA:

a) Testo za rogljičke razvaljamo v velik pravokotnik.

b) V majhni skledi zmešajte borovnice, sladkor, koruzni škrob in limonino lupinico.

c) Borovničevo mešanico enakomerno porazdelite po površini testa.

d) Testo narežemo na trikotnike.

e) Vsak trikotnik razvaljajte v obliko rogljička.

f) Rogljičke položite na obložen pekač, premažite z jajčno tekočino in pustite vzhajati 1 uro.

g) Pečico segrejte na 400°F (200°C) in pecite rogljičke 20-25 minut, dokler ne postanejo zlato rjavi.

9. Čaj z limonino meto

SESTAVINE:
- 1½ skodelice vrele vode
- 3 čajne žličke instant čaja
- 6 vejic mete
- 1 skodelica vrele vode
- 1 skodelica sladkorja
- ½ skodelice limoninega soka

NAVODILA:
a) Zmešajte 1-½ skodelice vrele vode, instant čaj in meto .
b) Pokrito namočite 15 minut.
c) Zmešajte 1 skodelico vrele vode, sladkor in limonin sok.
d) Drugo mešanico zmešajte z mešanico mete, potem ko jo precedite.
e) Dodajte 4 skodelice hladne vode.

10. Lemon Cheese Buns

SESTAVINE:
TESTO
- 1 skodelica vode
- ¼ skodelice sladkorja
- 1 veliko jajce, dobro stepeno
- 2 žlici masla
- ¾ čajne žličke soli
- 4 skodelice moke za kruh
- 1 žlica suhega mleka
- 1½ čajne žličke aktivnega suhega kvasa

POLNJENJE
- 1 skodelica sira ricotta, del posnetega mleka
- ¼ skodelice limoninega soka (iz 1 limone)
- ¼ skodelice sladkorja
- ¼ čajne žličke limonine lupinice (iz 1 limone)

PRELIV
- ½ skodelice slaščičarskega sladkorja
- 1 čajna žlička limoninega soka
- Voda (kolikor je potrebno za dosego želene konsistence)

NAVODILA:
TESTO:
a) V pekač odmerimo sestavine za testo (razen kvasa).
b) Močno potrkajte po posodi, da se sestavine poravnajo, nato pa kvas potresite v sredino moke.
c) Pekač varno vstavite v pekač in zaprite pokrov.
d) Izberite nastavitev TESTO in pritisnite Start.
e) Ko je testo končano, bo stroj zapiskal in zasvetila lučka COMPLETE.
f) Testo odstranimo iz pekača.

POLNJENJE:
g) V ločeni skledi združite vse sestavine za nadev in premešajte, da se dobro premešajo.

SESTAVLJANJE:
h) Testo razvaljajte v kvadrat velikosti 12x15 palcev.
i) Nadev enakomerno razporedimo po testu.
j) Testo po dolžini razvaljamo in zavitek razrežemo na 12 kosov.
k) S prerezano stranjo navzdol položite v z maslom namazan pekač.
l) Testo pokrijemo in pustimo stati 15 minut.

PEKA:
m) Pečico segrejte na 375 °F (190 °C).
n) Žemljice pečemo 15 do 20 minut oziroma dokler niso zlato rjave barve.
o) Žemljice ohladimo na rešetki za pekač.

PRELIV:
p) V ločeni skledi zmešajte vse sestavine za preliv.
q) Dodajte vodo po ½ čajne žličke, dokler ne dosežete želene konsistence.
r) Ohlajene žemljice z žlicami prelijemo s prelivom.
s) Uživajte v domačih žemljicah z limoninim sirom!

11. Limonini mafini

SESTAVINE:

- 1 celo jajce
- 1 skodelica Carbquik
- 2 žlici Splenda (ali po okusu)
- 1 čajna žlička naribane limonine lupinice
- ¼ skodelice limoninega soka
- ⅛ skodelice vode
- 1 žlica olja
- 1 žlica makovih semen (neobvezno)
- 1 čajna žlička pecilnega praška
- Ščepec soli

NAVODILA:

a) Predgrejte svojo pečico: Pečico segrejte na 400°F (200°C). V vsakega od 6 navadnih modelčkov za mafine položite papirnate pekače ali pa namastite samo dno posodic za mafine.

b) Zmešajte testo: V srednje veliki skledi rahlo stepite jajce. Nato vmešamo Carbquik, Splenda, naribano limonino lupinico, limonin sok, vodo, olje, mak (če ga uporabljamo), pecilni prašek in ščepec soli. Mešajte, dokler se zmes ravno ne navlaži; ne premešajte.

c) Razdelite testo: Maso za mafine enakomerno porazdelite med pripravljene posodice za mafine.

d) Peka: Mafine pečemo v ogreti pečici 15 do 20 minut oziroma dokler vrhovi niso zlato rjavi. Pazite nanje proti koncu časa peke, da se izognete prepečenosti.

e) Ko so končani, mafine vzemite iz pečice in jih nekaj minut pustite, da se ohladijo v posodicah za mafine.

f) Mafine prestavimo na rešetko, da se popolnoma ohladijo.

g) Uživajte v domačih limoninih muffinih Carbquik!

PREDJEDI IN PRIGRIZKI

12. Limonin Churros

SESTAVINE:
- 1 skodelica vode
- 2 žlici sladkorja
- ½ čajne žličke soli
- 2 žlici rastlinskega olja
- 1 skodelica večnamenske moke
- Lupina 1 limone
- Rastlinsko olje za cvrtje
- ¼ skodelice sladkorja (za premaz)
- 1 čajna žlička mletega cimeta (za premaz)
- Limonina glazura (narejena s sladkorjem v prahu in limoninim sokom)

NAVODILA:
a) V ponvi zmešajte vodo, sladkor, sol in rastlinsko olje. Mešanico zavremo.
b) Odstavite ponev z ognja in dodajte moko in limonino lupinico. Mešajte, dokler mešanica ne oblikuje krogle testa.
c) V globoki ponvi ali loncu na srednjem ognju segrejte rastlinsko olje.
d) Testo prenesite v cevno vrečko, opremljeno z zvezdasto konico.
e) Testo položite v vroče olje in ga z nožem ali škarjami narežite na 4-6 cm dolge kose.
f) Cvremo do zlato rjave barve z vseh strani, občasno obrnemo.
g) Churros odstranite iz olja in odcedite na papirnati brisači.
h) V ločeni skledi zmešajte sladkor in cimet. Churrose povaljajte v mešanici cimetovega sladkorja, dokler niso prevlečeni.

i) Churrose pokapljajte z limonino glazuro.
j) Limonine churrose postrezite tople.

13. Lemon Jalapeño Pretzel Bites

SESTAVINE:

- 1 žlica olivnega olja
- 3 jalapeños, brez semen in drobno sesekljani
- Košer sol
- 2 (4-unča) paketa grižljajev preste
- 4 unče kremnega sira, pri sobni temperaturi
- ½ čajne žličke drobno naribane limonine lupinice
- 1 žlica limoninega soka
- Kanček pekoče omake
- 1 unča izjemno ostrega pomarančnega čedarja, grobo naribanega (približno ⅓ skodelice), plus več za posipanje
- 1 drobno sesekljana čebula in še več za posipanje

NAVODILA:

a) Pečico segrejte na 400°F. Pekač obložite s peki papirjem.

b) Na srednjem ognju segrejte srednjo ponev. Dodajte oljčno olje, nato jalapeños in ¼ čajne žličke soli. Kuhajte, občasno premešajte, dokler se jalapeños ne zmehčajo, kar traja približno 2 minuti. Odstranite z ognja.

c) Medtem z nožem za lupljenje pod kotom odstranite vrh vsake preste in pustite 1-palčno odprtino. s palcem potisnite navznoter in okoli, da pritisnete nekaj prestic in ustvarite večjo odprtino.

d) V skledi zmešajte kremni sir, sok limonine lupinice in pekočo omako. zložite v jalapeños, cheddar in pokrovače. prenesite mešanico v plastično vrečko, ki jo je mogoče ponovno zapreti.

e) Odrežite vogal vrečke in napolnite vsako presto. prenesite na pripravljen pekač, potresite z dodatnim sirom in pecite, dokler se sir ne stopi, 5 do 6 minut. pred serviranjem po želji potresemo s česmi.

14. Limonine ploščice

SESTAVINE:
ZA SKORICO:
- 1 skodelica (2 palčki) nesoljenega masla, zmehčanega
- ½ skodelice granuliranega sladkorja
- 2 skodelici večnamenske moke
- Ščepec soli

ZA LIMONIN NADEV:
- 4 velika jajca
- 2 skodelici granuliranega sladkorja
- ⅓ skodelice večnamenske moke
- ½ skodelice sveže iztisnjenega limoninega soka (približno 4 limone)
- Lupina 2 limon
- Sladkor v prahu (za posipanje)

NAVODILA:
ZA SKORICO:
a) Pečico segrejte na 350 °F (175 °C). Namastite pekač velikosti 9x13 palcev.

b) V posodi za mešanje stepemo zmehčano maslo in kristalni sladkor.

c) Postopoma dodajamo moko in sol ter mešamo, dokler ne nastane drobnato testo.

d) Testo enakomerno pritisnemo na dno pripravljenega pekača.

e) Pečemo v ogreti pečici 15-20 minut oziroma toliko časa, da robovi rahlo zlato zapečejo. Odstranite iz pečice in postavite na stran.

ZA LIMONIN NADEV:

f) V ločeni skledi zmešajte jajca, granulirani sladkor, moko, limonin sok in limonino lupinico, dokler se dobro ne povežejo.
g) Pečeno skorjo prelijemo z limonino mešanico.
h) Posodo vrnite v pečico in pecite še dodatnih 20-25 minut oziroma dokler se limonin nadev ne strdi in ne začne več trepetati, ko nežno potresete pekač.
i) Pustite, da se limonine ploščice popolnoma ohladijo v ponvi.
j) Ko se ohladi, ga po vrhu potresemo s sladkorjem v prahu in narežemo na kvadratke.

15. Limonini krekerji

SESTAVINE:
- 2½ skodelice sladkorja
- 1 skodelica Skrajšanje
- 2 žlici pekovskega amoniaka
- 1 čajna žlička limoninega olja
- 2 jajci
- 2 žlici mleka (novo)
- 1 pol litra mleka (novo)
- Moka

NAVODILA:
a) Začnite tako, da čez noč namočite pekovski amoniak v pol litra mleka.
b) V posebni posodi posebej stepemo jajca in rumenjakom dodamo 2 žlici mleka.
c) V veliki skledi za mešanje zmešajte sladkor, mast, namočen pekovski amoniak, limonino olje in stepena jajca z mlekom.
d) Postopoma dodajamo toliko moke, da postane testo trdo.
e) Testo na tanko razvaljamo in dobro prebodemo z vilicami.
f) Pecite, vendar v izvirnem receptu ni navedena posebna temperatura ali čas pečenja. Lahko jih poskusite peči pri 425 °F (220 °C), dokler ne postanejo zlato rjave barve. Pazite nanje, da se ne zapečejo preveč.
g) Čeprav ti limonini krekerji nimajo posebnih navodil za temperaturo in čas, so edinstvena poslastica z okusom limone.
h) Uživajte v eksperimentiranju s časom in temperaturo peke, da dosežete želeno teksturo in barvo.

16. Čipsi z limoninim poprom

SESTAVINE:
- 4 krogi pita kruha
- 2 žlici olivnega olja
- Lupina 1 limone
- 1 čajna žlička črnega popra
- ½ čajne žličke soli

NAVODILA:
a) Pečico segrejte na 375 °F (190 °C).
b) Pita kruh narežite na majhne trikotnike ali želene oblike.
c) V majhni skledi zmešajte oljčno olje, limonino lupinico, črni poper in sol.
d) Obe strani pita trikotnikov namažite z mešanico oljčnega olja.
e) Pita trikotnike razporedite po pekaču, obloženem s peki papirjem.
f) Pečemo 10-12 minut ali dokler niso hrustljavi in rahlo zlati.
g) Pustite, da se čips ohladi, preden ga postrežete.

17. Pecivo z limonino skuto

SESTAVINE:

- 2 skodelici večnamenske moke
- $\frac{1}{4}$ skodelice granuliranega sladkorja
- 1 žlica pecilnega praška
- $\frac{1}{2}$ čajne žličke soli
- $\frac{1}{2}$ skodelice nesoljenega masla, hladnega in narezanega na kocke
- $\frac{3}{4}$ skodelice pinjenca
- 1 čajna žlička vanilijevega ekstrakta
- Limonina skuta
- Sveže maline
- Sveže jagode, narezane
- Stepena smetana, za serviranje

NAVODILA:

a) Pečico segrejte na 425 °F (220 °C).

b) V veliki skledi zmešajte moko, sladkor, pecilni prašek in sol.

c) Suhim sestavinam dodamo hladno narezano maslo. Z rezalnikom za pecivo ali s prsti narežite maslo v mešanico moke, dokler ne postane podobno grobim drobtinam.

d) Na sredini zmesi naredite vdolbinico in vanjo vlijte pinjenec in vanilijev ekstrakt. Mešajte, dokler se le ne združi.

e) Testo zvrnemo na pomokano površino in ga nekajkrat nežno pregnetemo, dokler se ne združi.

f) Testo razvaljajte v 1-palčni debel krog in z rezalnikom za piškote izrežite kolačke.

g) Krhke torte položite na pekač, obložen s pergamentnim papirjem.

h) Pečemo 12-15 minut oziroma do zlato rjave barve.

i) Odstranite iz pečice in pustite, da se nekoliko ohladijo.
j) Torte vodoravno prerežite na pol. Spodnjo polovico namažemo z limonino skuto, nato dodamo plast svežih malin in narezane jagode. Prekrijte z drugo polovico kolača in postrezite s stepeno smetano.

18. Limonina verbena Madeleines

SESTAVINE:
- 2 skodelici nepresejane moke za torte
- 1 čajna žlička pecilnega praška
- ½ čajne žličke soli
- 1 skodelica nesoljenega masla pri sobni temperaturi
- 1 ⅔ skodelice granuliranega sladkorja
- 5 velikih jajc
- 1 ½ čajne žličke ekstrakta vanilije
- Sirup limonine verbene (recept sledi)
- Sirup limonine verbene:
- ½ skodelice vode
- ½ skodelice granuliranega sladkorja
- ¼ skodelice svežih listov limonske verbene, rahlo pakiranih (ali 2 žlici posušenih listov limonske verbene)

NAVODILA:
a) Pečico segrejte na 325 stopinj Fahrenheita (160 stopinj Celzija) in rešetko postavite na sredino pečice. Pekače za madeleine namastimo z zmehčanim maslom in jih potresemo z moko, odvečno moko pa potresemo. Dati na stran.

b) V skledo presejemo moko za torte, pecilni prašek in sol. Suho mešanico odstavite.

c) V skledi za mešanje z električnim mešalnikom, opremljenim z nastavkom za lopatico, stepajte nesoljeno maslo, dokler ne postane mehko in puhasto.

d) Maslu postopoma dodajte kristalni sladkor in nadaljujte s stepanjem, dokler zmes ni zelo svetla in kremasta.

e) Dodajte jajca v zmes eno za drugo, po vsakem dodajanju dobro stepite. Vmešajte vanilijev ekstrakt.

f) Postopoma vmešajte suho zmes moke v mokro testo, dokler se vse dobro ne poveže.

g) Z lopatko postrgajte testo v pripravljene pekače za Madeleine in ga popolnoma poravnajte. Robove pekača očistite s papirnato brisačo.

h) Madeleine pečemo v predhodno ogreti pečici približno 10 do 15 minut oziroma dokler kolački ne narastejo in zlato zarumenijo. Vstavite tester v sredino Madeleine; čisto mora izpasti, ko so popolnoma pečeni.

i) Odstranite Madeleine iz pečice in z nožem potisnite ob straneh, da jih sprostite. Torte prevrnite na rešetko z desno stranjo navzgor.

j) Medtem ko so Madeleine še tople, s tankim nabodalom na vrhu vsake torte prebodite luknjo.

k) Pripravite sirup iz limonine verbene: V majhni ponvi zmešajte vodo, granulirani sladkor in sveže liste limonine verbene. Zmes pustimo vreti in mešamo, dokler se sladkor ne raztopi. Odstranite ponev z ognja in pustite, da se sirup strmi približno 10 minut. Precedite sirup, da odstranite liste limonske verbene.

l) Vsako Madeleine prelijte z 1 čajno žličko toplega sirupa limonine verbene, da se prepoji in prepoji torte s svojim čudovitim okusom.

m) Pustite, da se Madeleine popolnoma ohladijo, nato pa jih shranite v predušno zaprto posodo.

n) Uživajte v teh prijetnih Madeleines iz limonine verbene, prežetih z aromatično esenco limonine verbene. Predstavljajo čudovito poslastico za vaš čaj ali kavo, dišeči sirup pa doda dodaten pridih sladkosti in okusa. Morebitne ostanke shranite v nepredušni posodi, da ohranite njihovo svežino.

19. Lemon Brownies

SESTAVINE:

- 1 skodelica nesoljenega masla, stopljenega
- 2 skodelici granuliranega sladkorja
- 4 velika jajca
- 1 čajna žlička vanilijevega ekstrakta
- 1 žlica limonine lupinice
- 2 žlici svežega limoninega soka
- 1 ½ skodelice večnamenske moke
- ½ čajne žličke soli
- ½ skodelice sladkorja v prahu (za posipanje)

NAVODILA:

a) Pečico segrejte na 350 °F in namastite pekač velikosti 9x13 palcev.
b) V veliki skledi zmešajte stopljeno maslo in granulirani sladkor, da se dobro povežeta.
c) Dodajte jajca, vanilijev ekstrakt, limonino lupinico in limonin sok ter mešajte, dokler ne postane gladka.
d) V ločeni skledi zmešajte moko in sol.
e) Postopoma dodajajte suhe sestavine mokrim sestavinam in mešajte, dokler se le ne povežejo.
f) Maso vlijemo v pripravljen pekač in jo enakomerno razporedimo.
g) Pecite 25-30 minut ali dokler zobotrebec, zapičen v sredino, ne izstopi z nekaj vlažnimi drobtinami.
h) Pustite, da se browniji popolnoma ohladijo.
i) Po vrhu potresemo s sladkorjem v prahu.
j) Narežemo na kvadrate in postrežemo.

20. Mini limonine ploščice

SESTAVINE:
- 1 skodelica večnamenske moke
- ¼ skodelice sladkorja v prahu
- ½ skodelice nesoljenega masla, zmehčanega
- 2 veliki jajci
- 1 skodelica granuliranega sladkorja
- 2 žlici večnamenske moke
- ¼ čajne žličke pecilnega praška
- 2 žlici limoninega soka
- Lupina 1 limone
- Sladkor v prahu (za posipanje)

NAVODILA:
a) Pečico segrejte na 350°F (175°C).
b) V skledi za mešanje zmešajte 1 skodelico moke, ¼ skodelice sladkorja v prahu in zmehčano maslo, dokler ne postanejo drobtine.
c) Zmes vtisnite na dno pomaščenega pekača velikosti 8 x 8 palcev.
d) Skorjo pečemo 15-20 minut ali dokler ni rahlo zlato rjava.
e) V drugi skledi zmešajte jajca, granulirani sladkor, 2 žlici moke, pecilni prašek, limonin sok in limonino lupinico, dokler se dobro ne poveže.
f) Pečeno skorjo prelijemo z limonino mešanico.
g) Pecite dodatnih 20-25 minut ali dokler se vrh ne strdi in rahlo porjavi.
h) Pustite, da se mini limonine ploščice popolnoma ohladijo, nato pa jih narežite na kvadratke velikosti grižljaja.
i) Pred serviranjem potresemo vrhove s sladkorjem v prahu.

21. Limonadni tartufi

SESTAVINE:
- 26 unč bele čokolade, razdeljeno
- 6 žlic masla
- 1 žlica limonine lupinice
- 1 čajna žlička limoninega soka
- ⅓ čajne žličke vinske kisline Ščepec soli
- 2 žlici jagodnih konzerv

NAVODILA:
a) Umirite vso belo čokolado z metodo tukaj in preverite, ali imate dobro voljo, tako da malo čokolade razmažete po pultu.
b) To je treba nastaviti v 2 minutah. Odložite 16 unč.
c) Maslo zmehčajte v mikrovalovni pečici in ga nato gnetite v blazino iz pergamentnega papirja (glejte tukaj), dokler se maslo ne segreje in dobi konsistenco kreme za obraz.
d) Maslo vmešajte v 10 unč temperirane čokolade, dokler ni zmes dobro združena in videti svilnato.
e) Dodajte preostale sestavine in dobro premešajte.
f) Ganache razporedite v 1-palčne kvadratne kalupe.
g) Pustite na pultu ali postavite v hladilnik za 20 minut, da se strdi.
h) Pripravljeni so za namakanje, ko pride ganache čist iz modela.
i) Z dvokrakimi vilicami pomočite tartufe v preostalih 16 unč temperirane bele čokolade.
j) Okrasite tako, da na vrh vsakega tartufa položite rožnato-rumeno kakavovo maslo, preden potopite naslednjega.

k) Pustite strjevati na hladnem 10 do 20 minut, preden odstranite folijo za prenos.

l) Shranjujte do 3 tedne pri sobni temperaturi v temnem prostoru, stran od vonjav in toplote.

SLADICA

22. Lemon Mirror Glaze Macarons

SESTAVINE:
ZA MAKARONOVE ŠKOLJKE:
- 1 skodelica mandljeve moke
- 1 skodelica sladkorja v prahu
- 2 velika beljaka, pri sobni temperaturi
- $\frac{1}{4}$ skodelice granuliranega sladkorja
- Lupina 1 limone
- Rumena gelna barva za živila (neobvezno)

ZA NADEV LEMON CURD:
- Sok 2 limon
- Lupina 1 limone
- $\frac{1}{2}$ skodelice granuliranega sladkorja
- 2 veliki jajci
- 4 žlice (56 g) nesoljenega masla, narezanega na kocke

ZA LEMON MIRROR GLASE:
- $\frac{1}{2}$ skodelice vode
- 1 skodelica granuliranega sladkorja
- $\frac{1}{2}$ skodelice lahkega koruznega sirupa
- $\frac{1}{2}$ skodelice (60 g) nesladkanega limoninega soka
- 2 žlici želatine v prahu
- Rumena gelna barva za živila (neobvezno)

NAVODILA:
IZDELAVA ŠKOLJIC MACARON:
a) Dva pekača obložite s pergamentnim papirjem ali silikonskimi podlogami za peko.

b) V kuhinjskem robotu zmešajte mandljevo moko in sladkor v prahu. Mešajte, dokler se dobro ne združi in ima fino teksturo. Prenesite v veliko skledo za mešanje.

c) V drugi posodi stepamo beljake, dokler ne postanejo penasti. Med nenehnim stepanjem postopoma dodajate kristalni sladkor. Stepajte, dokler ne nastanejo trdi vrhovi. Po želji dodajte nekaj kapljic rumene jedilne barve v gelu in limonino lupinico ter mešajte, dokler se enakomerno ne porazdeli.

d) Mešanico mandljeve moke z lopatko nežno vmešajte v beljakovo zmes. Prepognite, dokler testo ni gladko in ne dobi traku podobne konsistence. Pazite, da ne premešate preveč.

e) Testo za makarone prenesite v cevno vrečko z okroglo konico.

f) Majhne kroge (premera približno 1 palca) nanesite na pripravljene pekače, tako da med vsakim pustite prostor. S pekači potrkajte po pultu, da sprostite morebitne zračne mehurčke.

g) Napete makarone pustimo stati na sobni temperaturi približno 30 minut, dokler se na površini ne naredi kožica. Ta korak je ključen za gladko lupino.

h) Medtem ko makaroni počivajo, segrejte pečico na 300°F (150°C).

i) Makarone pečemo 15 minut, pekače do polovice obrnemo.

j) Odstranite makarone iz pečice in pustite, da se nekaj minut ohladijo na pekaču, preden jih prestavite na rešetko, da se popolnoma ohladijo.

IZDELAVA NADEVA IZ LIMONINE SKUTE:

k) V ponvi zmešajte limonin sok, limonino lupinico, granulirani sladkor in jajca. Mešajte skupaj na zmernem ognju, dokler se zmes ne zgosti, približno 5-7 minut.

l) Odstranite ponev z ognja in vanjo vmešajte na kocke narezano maslo, dokler ni popolnoma premešano.

m) Prenesite limonino skuto v skledo, jo pokrijte s plastično folijo (neposredno se dotikajte površine, da preprečite nastanek lupine) in ohladite, dokler ni hladna in strjena, približno 1 uro.

SESTAVLJANJE MAKARONOV:

n) Povežite lupine makaronov v pare podobne velikosti.

o) Napolnite vrečko z nadevom iz limonine skute in nanesite majhno količino na eno lupino makaronov iz vsakega para.

p) Nežno pritisnite drugo lupino na vrhu, da ustvarite sendvič. Ponovite s preostalimi makaroni.

q) Izdelava limonine zrcalne glazure:

r) V majhni skledi zmešajte želatino v prahu z 2 žlicama hladne vode. Pustite, da cveti nekaj minut.

s) V ponvi zmešajte vodo, granulirani sladkor in koruzni sirup. Na zmernem ognju in nenehno mešajte, dokler se sladkor ne raztopi.

t) Odstranite mešanico z ognja in dodajte limonin sok ter premešajte, da se združi.

u) Nacveteno želatino dodajte limonini mešanici in mešajte, dokler se želatina popolnoma ne raztopi.

v) Po želji dodajte nekaj kapljic rumene gelne jedilne barve za živahno limonino barvo.

GLAZIRANJE MAKARONOV:

w) Čez pekač postavite rešetko, da ujamete odvečno glazuro.

x) Vsak makaron primite za vrh in spodnji del nežno potopite v limonino glazuro. Pustite, da odvečna glazura odteče.

y) Glazirane makarone položite na rešetko, da se strdijo za približno 30 minut, dokler se glazura ne strdi.

z) Macarone z limonino zrcalno glazuro hranite v nepredušni posodi v hladilniku do tri dni. Uživajte v čudovitih dobrotah z limono!

23. Eclairs s pistacijo in limono

SESTAVINE:
ZA KANDIRANE LIMONE (OPCIJSKO):
- 10 sončnikov (mini limon)
- 2 skodelici vode
- 2 skodelici sladkorja

ZA PISTACIJEVO PASTO:
- 60 g neoluščenih pistacij (nepraženih)
- 10 g olja grozdnih pešk

ZA PISTACIJEVO-LIMONINO MOUSSELINE KREMO:
- 500 g mleka
- Lupina 2 limon
- 120 g rumenjaka
- 120 g sladkorja
- 40 g koruznega škroba
- 30 g pistacijeve paste (ali 45 g, če jo kupite v trgovini)
- 120 g zmehčanega masla (narezanega na kocke)

ZA PISTACIJEV MARCIPAN:
- 200 g marcipana
- 15 g pistacijeve paste
- Zelena jedilna barva (gel)
- Malo sladkorja v prahu

ZA CHOUX PECIVO:
- 125 g masla
- 125 g mleka
- 125 g vode
- 5 g sladkorja
- 5 g soli
- 140 g moke
- 220 g jajc

ZA GLAZURO:
- 200 g nappage neutre (nevtralna žele glazura)

- 100 g vode
- Zelena jedilna barva (gel)

ZA OKRAS:
- Zmlete pistacije

NAVODILA:
KANDIRANE LIMONE (NEOBVEZNO):
a) Pripravite ledeno kopel (ponvo z vodo in ledom) in jo odstavite.
b) Z ostrim nožem narežite tanke rezine limone. Zavrzite semena.
c) V drugi kozici zavremo vodo. Odstranite z ognja in v vrelo vodo takoj dodajte rezine limone. Mešajte toliko časa, da se rezine zmehčajo (približno minuto).
d) Vročo vodo odlijte skozi cedilo, nato pa rezine limone za sekundo postavite v ledeno kopel. S pomočjo sita izlijte ledeno vodo.
e) V velikem loncu na močnem ognju zmešajte vodo in sladkor. Mešajte toliko časa, da se sladkor stopi, nato pa zavrite.
f) Ogenj zmanjšajte na srednje in s kleščami položite rezine limone v vodo, da bodo plavale. Kuhajte na majhnem ognju, dokler skorja ne postane prozorna, približno $1\frac{1}{2}$ ure.
g) Odstranite limone s kleščami in jih položite na rešetko za hlajenje. Pod rešetko za hlajenje položite kos papirja za peko, da ujamete sirup, ki kaplja z rezin limone.

PISTACIJEVA PASTA:
h) Pečico segrejte na 160 °C (320 °F).
i) Pistacije pražimo na pekaču približno 7 minut, da rahlo porjavijo. Naj se ohladijo.

j) Ohlajene pistacije v manjšem sekljalniku zmeljemo v prah. Dodamo olje in ponovno zmeljemo, dokler ne postane pasta. Do uporabe ga hranimo v hladilniku.
k) Mousseline krema s pistacijo in limono:
l) Mleko zavremo. Ugasnite ogenj, dodajte limonino lupinico, pokrijte in pustite stati 10 minut.
m) V skledi zmešamo rumenjake in sladkor. Takoj premešajte, nato dodajte koruzni škrob in ponovno premešajte.
n) Med stepanjem dodajte toplo mleko. Mešanico prelijemo skozi cedilo v čisto ponev, pri čemer zavržemo limonino lupinico, ki je ostala v cedilu.
o) Segrevajte na srednjem ognju in mešajte, dokler se zmes ne zgosti in postane kremasta. Odstranite z ognja.
p) Kremo prenesite v skledo s pistacijevo pasto. Stepajte do enotnega. Pokrijte s plastično folijo, da preprečite nastanek skorjice, in ohladite.
q) Ko smetana doseže 40°C (104°F), postopoma dodajajte zmehčano maslo in dobro premešajte. Pokrijte s plastično folijo in ohladite.

CHOUS PECIVO:
r) Moko presejemo in odstavimo.
s) V ponev dodajte maslo, mleko, vodo, sladkor in sol. Segrevajte na srednji visoki temperaturi, dokler se maslo ne stopi in mešanica zavre.
t) Odstavite z ognja, takoj dodajte moko naenkrat in dobro premešajte, dokler ne nastane enotna zmes, podobna pire krompirju. To je mešanica panade.
u) Panado sušite približno eno minuto na majhnem ognju in mešajte z lopatko, dokler se ne začne umikati od sten ponve in strdi.

v) Panado prestavimo v mešalno posodo in jo nekoliko ohladimo. V ločeni skledi stepite jajca in jih postopoma dodajte v mešalnik, počakajte, da se vsak dodatek poveže, preden dodate več.
w) Mešajte pri nizki-srednji hitrosti, dokler testo ni gladko, sijoče in stabilno.
x) Pečico segrejte na 250 °C (480 °F). Pekač obložimo s peki papirjem ali tanko plastjo masla.
y) Na pladenj nalepite 12 cm dolge trakove testa. Med peko ne odpirajte vrat pečice.
z) Po 15 minutah nekoliko odprite vrata pečice (približno 1 cm), da izstopi para. Zaprite in nastavite temperaturo na 170 °C (340 °F). Pečemo 20-25 minut, dokler eklerji ne porjavijo.
aa) Ponovite s preostalim testom.

PISTACIJEV MARCIPAN:
bb) Marcipan narežite na kocke in zmešajte s metlico, dokler ni mehka in enotna. Dodamo pistacijevo pasto in zeleno jedilno barvilo (po želji) ter mešamo do enotnosti.
cc) Marcipan razvaljamo na 2 mm debelo in narežemo trakove, ki se prilegajo eklerjem.

SESTAVLJANJE:
dd) Na dnu vsakega éclairja izrežite dve majhni luknjici.
ee) Skozi luknje napolnite vsak eclair s pistacijevo-limonino kremo.
ff) Vsak marcipanov trak namažite z glazuro na eni strani in ga pritrdite na éclairs.
gg) Vsak éclair pomočite v glazuro in pustite, da odvečna glazura odteče.

hh) Okrasite s kandiranimi rezinami limone ali sesekljanimi pistacijami.
ii) Ohladite, dokler ni pripravljen za serviranje.

24. Goji, pistacija in limonin kolač

SESTAVINE:
ZA SUROVO VEGANSKO PISTACIJEVO SKORIJO:
- 1½ skodelice mandljeve moke ali mandljevega zdroba
- ½ skodelice pistacij
- 3 zmenki
- 1½ žlice kokosovega olja
- ½ čajne žličke mletega kardamoma v prahu
- ⅛ čajne žličke soli

POLNJENJE:
- 1½ skodelice kokosove smetane
- 1 skodelica limoninega soka
- 1 žlica koruznega škroba
- 2 čajni žlički agar-agarja
- ¼ skodelice javorjevega sirupa
- ½ čajne žličke mlete kurkume v prahu
- 1 čajna žlička vanilijevega ekstrakta
- ½ čajne žličke izvlečka goji

PRELIVI:
- pest goji jagod
- zmajev sadež
- užitne rože
- čokoladni srčki

NAVODILA:
TRTKA ŠKOLJKA
a) V kuhinjskem robotu/blenderju zmešajte mandljevo moko in pistacije do drobnih drobtin.

b) Dodamo preostale sestavine za skorjo in dobro premešamo, dokler ne dobimo enotne lepljive zmesi.

c) Testo za skorjo dodajte v model za torte in ga enakomerno razporedite po dnu.

d) Pustite, da se ohladi v hladilniku, medtem pa pripravite nadev.

POLNJENJE

e) V srednji ponvi segrejte kokosovo smetano in dobro premešajte, da postane gladka in enotna.

f) Dodajte preostale sestavine za nadev, vključno s koruznim škrobom in agar agarjem.

g) Med nenehnim mešanjem zavremo in kuhamo nekaj minut, dokler se ne začne gostiti.

h) Ko se zmes zgosti, jo odstavimo z ognja in pustimo 10-15 minut, da se ohladi.

i) Nato prelijemo čez skorjo in pustimo, da se popolnoma ohladi.

j) Postavimo v hladilnik vsaj za par ur, da se nadev povsem strdi.

k) Okrasite z goji jagodami, kroglicami zmajevega sadja in užitnimi rožami ali s svojimi najljubšimi prelivi.

25. Limonina meringue-pistacijeva pita

SESTAVINE:
- 1 porcija Pistachio Crunch
- ½ unče stopljene bele čokolade
- 1⅓ skodelice limonine skute
- 1 skodelica sladkorja
- ½ skodelice vode
- 3 beljaki
- ¼ skodelice limonine skute

NAVODILA:
a) Pistacijevo hrustljavo prelijte v 10-palčni pekač za pite. S prsti in dlanmi hrustljavo trdno pritisnite v model za pite, pri čemer pazite, da so dno in stranice enakomerno prekrite. Odstavite, medtem ko naredite nadev; zavito v plastiko lahko skorjo hranite v hladilniku do 2 tedna.
b) S čopičem za pecivo nanesite tanko plast bele čokolade na dno in zgornje stranice skorje. Skorjo damo za 10 minut v zamrzovalnik, da se čokolada strdi.
c) V manjšo skledo dajte 1⅓ skodelice limonine skute in premešajte, da se nekoliko zrahlja. Lemon curd strgajte v skorjico in ga s hrbtno stranjo žlice ali lopatice razporedite v enakomerno plast. Pito postavite v zamrzovalnik za približno 10 minut, da se plast limonine skute strdi.
d) Medtem zmešajte sladkor in vodo v majhni ponvi z težkim dnom in nežno stresite sladkor v vodo, dokler ne postane kot moker pesek. Ponev postavite na srednji ogenj in mešanico segrejte na 239 °F, pri čemer spremljajte temperaturo s termometrom za takojšnje odčitavanje ali termometrom za sladkarije.

e) Medtem ko se sladkor segreva, v posodo stoječega mešalnika damo beljake in jih z nastavkom za stepanje začnemo stepati v srednje mehke snegove.

f) Ko sladkorni sirup doseže 239°F, ga odstavite z ognja in ga zelo previdno vlijte v stepene beljake, pri tem pa pazite, da se izogibate metlici: preden to storite, mešalnik zmanjšajte na zelo nizko hitrost, razen če želite zanimivo zažgati znamenja na obrazu.

g) Ko je ves sladkor uspešno dodan beljakom, ponovno povečajte hitrost mešalnika in pustite, da se meringue stepa, dokler se ne ohladi na sobno temperaturo.

h) Medtem ko se meringue stepa, dajte $\frac{1}{4}$ skodelice limonine skute v veliko skledo in z lopatko premešajte, da se nekoliko zrahlja.

i) Ko se meringue ohladi na sobno temperaturo, izklopite mikser, odstranite posodo in meringue z lopatko vmešajte v limonino skuto, dokler ne ostane več belih lis, pri tem pa pazite, da se meringa ne izprazni.

j) Odstranite pito iz zamrzovalnika in na limonino skuto nanesite limonino meringo. Z žlico razporedite meringo v enakomerno plast, ki popolnoma prekrije limonino skuto.

k) Postrezite ali pito do uporabe shranite v zamrzovalnik. Tesno zavit v plastično folijo, ko je trdo zamrznjen, bo v zamrzovalniku zdržal do 3 tedne. Pustite, da se pita čez noč odtaja v hladilniku ali vsaj 3 ure na sobni temperaturi, preden jo postrežete.

26. Limonino jagodno mousse torta

SESTAVINE:
- 1 skodelica večnamenske moke 250 ml
- ⅓ skodelice praženih lešnikov ali pistacij; drobno sesekljan
- 2 žlici granuliranega sladkorja 25 ml
- ½ skodelice nesoljenega masla; narezano na majhne koščke 125 mL
- 1 jajčni rumenjak 1
- 1 žlica limoninega soka 15 ml
- 2 unči Domači ali komercialni biskvit 60 g
- 4 skodelice svežih jagod 1 L
- 1 ovojnica želatine brez okusa 1
- ¼ skodelice hladne vode 50 ml
- 4 rumenjaki 4
- ¾ skodelice granuliranega sladkorja; razdeljenih 175 ml
- ¾ skodelice limoninega soka 175 ml
- 1 žlica Drobno naribane limonine lupine 15 ml
- 4 unče Kremni sir 125 g
- 1¾ skodelice smetane za stepanje 425 ml
- Sesekljane pražene pistacije
- Presejan sladkor v prahu

NAVODILA:
a) Pečico segrejte na 375F/190C.
b) Za pripravo peciva v veliki skledi zmešajte moko z orehi in granuliranim sladkorjem. Narežite maslo, dokler ni na drobne koščke.
c) Združite jajčni rumenjak z limoninim sokom. Potresemo po mešanici moke in zberemo testo v kepo. Zvijte ali pritisnite, da se prilega dnu 9 ali 10-palčnega/23 ali 25-cm vzmetnega pekača.

d) Pečemo 20 do 25 minut ali dokler rahlo ne porjavi. Biskvit nalomimo na majhne koščke in potresemo po vrhu peciva.

e) Rezervirajte osem najboljših jagod za vrh. Oluščite preostale jagode.

f) Približno dvanajst enako velikih jagod prerežemo na pol in jih razporedimo po robu pekača tako, da prerezano stran jagod pritisnemo ob rob. Preostale jagode razporedite tako, da se prilegajo v pekač, s konicami obrnjenimi navzgor.

g) Nadev pripravimo tako, da želatino v majhni kozici prelijemo s hladno vodo.

h) Pustite, da se mehča 5 minut. Nežno segrevajte, dokler se ne raztopi.

i) V srednje veliki ponvi stepite 4 rumenjake s $\frac{1}{2}$ skodelice/125 ml granuliranega sladkorja, dokler ne postanejo svetli. Stepite limonin sok in lupino. Med nenehnim mešanjem kuhamo, dokler se zmes ne zgosti in ne zavre. Vmešamo raztopljeno želatino. Kul.

j) V veliki skledi stepite kremni sir s preostalim $\frac{1}{4}$ skodelice/50 ml granuliranega sladkorja. Stepemo hladno limonino kremo.

k) V ločeni skledi stepite smetano za stepanje, da postane svetla. Zložimo v limonino kremo.

l) Prelijemo čez jagode. Ponev nežno pretresite, da limonina mešanica pade med jagode in je vrh enakomeren. Hladite 3 do 4 ure ali dokler se ne strdi.

m) Z nožem potegnite po robu ponve in odstranite stranice.

n) Torto položite na servirni krožnik. (Odstranite dno vzmetnega modela samo, če se zlahka umakne.) Po vrhu torte razporedite 1 inch/2½ cm trakove povoščenega papirja, pri čemer pustite vmesne prostore.

o) Prostore potresemo s pistacijami. Previdno odstranite papir. Na rezerviranih jagodah pustite lupine in jih prerežite na pol. Jagode razporedite v vrste po praznih trakovih. Potresemo s sladkorjem v prahu.

p) Ohladite, dokler ni pripravljen za serviranje.

27. Mousse iz limone češnje in oreščkov

SESTAVINE:

- ½ skodelice celih naravnih mandljev
- 1 ovojnica želatine brez okusa
- 3 žlice limoninega soka
- 1 skodelica granuliranega sladkorja; razdeljen
- 1 pločevinka (12 unč) evaporiranega mleka
- 1 pločevinka (21 unč) nadeva in preliva za češnjevo pito
- 2 žlički naribane limonine lupine
- ¼ čajne žličke mandljevega ekstrakta
- 4 jajčni beljaki

NAVODILA:

a) Mandlje v eni plasti razporedite po pekaču. Pečemo v pečici, ogreti na 350 stopinj, 12-15 minut, občasno premešamo, dokler rahlo ne popečejo. Ohladimo in drobno sesekljamo.

b) V majhni težki ponvi potresemo želatino s 3 žlicami vode. Pustite stati 2 minuti, dokler želatina ne vpije vode.

c) Vmešajte limonin sok in ½ skodelice sladkorja; zmes mešajte na majhnem ognju, dokler se želatina in sladkor popolnoma ne raztopita in tekočina postane bistra.

d) Vlijte evaporirano mleko v veliko posodo za mešanje; vmešajte nadev za češnjevo pito, limonino lupino in mandljev ekstrakt. Vmešajte raztopljeno mešanico želatine in temeljito premešajte.

e) Hladite, dokler zmes ni gosta in podobna pudingu.

f) Beljake stepemo do svetlega in penastega. Postopoma dodajamo preostali sladkor.

g) Nadaljujte s stepanjem, dokler ne nastane čvrsta meringue. Meringo vmešajte v češnjevo zmes. Nežno vmešajte sesekljane mandlje.

h) Mousse naložite v 8 servirnih skledic. Pred serviranjem pokrijte in ohladite vsaj 2 uri ali čez noč.

28. Limonina ledena torta z rabarbarino omako

SESTAVINE:

ZA SKORICO:
- 3 skodelice blanširanih narezanih mandljev, opečenih (približno 12 unč)
- ½ skodelice sladkorja
- 5 žlic margarine, stopljene
- ¼ čajne žličke mletega cimeta
- ⅓ skodelice jagodnih konzerv

ZA TORTO:
- 3 pinte limoninega ali ananasovega ledu, šerbeta ali sorbeta
- 1 skodelica sladkorja
- ½ skodelice vode
- 1 vanilijev strok, razrezan po dolžini

ZA OMAKO JAGODA-RABARBARA:
- 1 20-unčna vrečka zamrznjene nesladkane rabarbare
- 1 20-unčna vrečka zamrznjenih nesladkanih jagod
- 1 pol litra košare svežih jagod
- Vejice sveže mete (za okras)

NAVODILA:

ZA SKORICO:
a) V kuhinjskem robotu zmešajte pražene narezane mandlje in sladkor. Procesirajte, dokler ni drobno sesekljan.
b) Mešanico mandljevega sladkorja prenesite v srednje veliko skledo.
c) Stopljeno margarino in mleti cimet vmešajte v mandljevo mešanico, da se dobro povežeta.
d) Mandljevo mešanico prenesite v ponev s premerom 9 palcev. Uporabite plastično folijo, da mandljevo mešanico

trdno pritisnete 2 cm navzgor ob straneh in enakomerno po dnu pekača. Zamrznite skorjo za 15 minut.

e) Pečico segrejte na 350 °F (175 °C). Pekač s skorjo položite na pekač za piškote in pecite 20 minut ali dokler se skorja ne strdi in rahlo zlate barve. Če stranice skorje med peko zdrsnejo, jih s hrbtno stranjo vilic potisnite nazaj na svoje mesto.

f) Pekač prestavimo na rešetko in pustimo, da se skorja popolnoma ohladi.

g) V težki majhni ponvi stopite jagodne konzerve. V ohlajeno skorjo vlijemo stopljeno sladico in jo razmažemo, da prekrije dno. Naj se ohladi.

ZA TORTO:

h) Limonin ali ananasov led, šerbet ali sorbet zelo rahlo zmehčajte in razporedite v pekač po skorji. Zamrznite, dokler se ne strdi. Ta korak lahko pripravite en dan vnaprej; samo pokrijte in zamrznite.

ZA OMAKO JAGODA-RABARBARA:

i) V težki srednje veliki ponvi zmešajte ½ skodelice sladkorja in ½ skodelice vode. Iz stroka vanilije postrgajte semena in jih dodajte v ponev skupaj z razcepljenim strokom vanilije. Dušimo 5 minut.

j) Dodajte preostalo ½ skodelice sladkorja in premešajte, da se raztopi.

k) Dodajte rabarbaro v ponev. Zavremo, nato zmanjšamo ogenj, pokrijemo in dušimo, dokler se rabarbara ne zmehča, kar naj traja približno 8 minut.

l) V ponev dodajte zamrznjene jagode in zavrite. Pustite, da se omaka ohladi. Pokrijte in ohladite, dokler se dobro ne ohladi. Ta korak lahko pripravite tudi en dan vnaprej.

m) Vanilijev strok odstranimo iz omake.

SESTAVLJANJE:

n) Z majhnim ostrim nožem zarežite med skorjo in stenami pekača. Odstranite stranice pekača.

o) Na sredino torte nalijte ½ skodelice jagodno-rabarbarine omake.

p) Na sredino nasujte sveže jagode in okrasite z vejicami sveže mete.

q) Torto narežemo na rezine in postrežemo z dodatno omako.

r) Uživajte v čudoviti limonini ledeni torti z jagodno rabarbarino omako! Je osvežilna in elegantna sladica.

29. Puding v oblaku z limono in rabarbaro

SESTAVINE:

- 1 ¼ skodelice sladkorja
- ¼ skodelice koruznega škroba
- ¼ čajne žličke soli
- 1 ¼ skodelice vode
- 4 velika jajca
- 1 skodelica sesekljane sveže ali zamrznjene rabarbare
- 1 žlica naribane limonine lupine
- ⅓ skodelice limoninega soka
- ¼ čajne žličke vinskega kamna

NAVODILA:

a) V 2-litrski ponvi zmešajte ¼ skodelice sladkorja, koruznega škroba in soli. Z žično metlico postopoma vmešamo vodo, dokler ni koruzni škrob enakomerno razpršen v vodi.

b) Mešanico segrevajte na zmernem ognju ob stalnem mešanju, dokler ne zavre in se zgosti, da nastane pudingu podobna konsistenca. Puding odstavimo z ognja.

c) Jajca ločite, beljake dajte v srednje veliko skledo, rumenjake pa v manjšo skledo. Rumenjake rahlo stepemo in vmešamo del pudinga. Nato zmes rumenjakov vrnite v ponev s pudingom in mešajte, dokler se dobro ne premeša. Zložite sesekljano rabarbaro.

d) Zmes vrnemo na srednji ogenj in jo med stalnim mešanjem segrevamo do vrenja. Ogenj zmanjšamo na nizko in med občasnim mešanjem kuhamo še toliko časa, da se rabarbara zmehča, kar naj traja približno 5 minut.

e) Puding odstavimo z ognja. Primešamo naribano limonino lupinico in limonin sok. Puding nalijte v plitvo 1½-litrsko skledo ali enolončnico.

f) Pečico segrejte na 350 °F (175 °C).

g) Z električnim mešalnikom na visoki hitrosti stepamo prihranjene beljake in vinski kamen, da postaneta rahla in puhasta.

h) Postopoma stepajte preostalo $\frac{1}{2}$ skodelice sladkorja, dokler ne nastane čvrsta meringue, vrhovi pa obdržijo svojo obliko, ko stepalnik počasi dvignete.

i) Meringo razporedimo po pudingu in pazimo, da se tesno prilega robu posode. Na vrhu meringue lahko ustvarite okrasne konice.

j) Pečemo v ogreti pečici 12 do 15 minut oziroma toliko časa, da meringue zlato rjavo zapeče.

k) Puding lahko postrežete še topel ali pa pustite, da se ohladi na sobno temperaturo in ga nato ohladite, da ga postrežete hladnega.

l) Uživajte v okusnem pudingu iz limone in rabarbare! To je čudovita sladica s popolnim ravnovesjem sladkih in pikantnih okusov.

30. Rabarbara limonina tofu pita

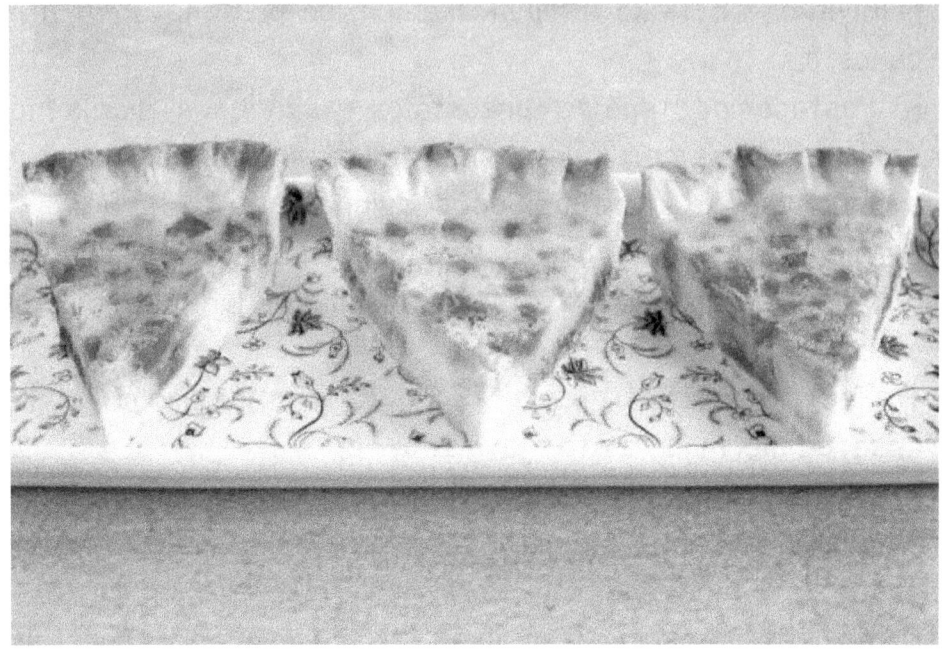

SESTAVINE:

- 5 opranih stebel rabarbare,
- 1 jabolko Granny Smith, olupljeno
- Ducat velikih jagod
- 6 unč trdega tofuja (z zmanjšano vsebnostjo maščob).
- Sok ½ limone
- ¼ skodelice + 2 T sladkorja
- 2 žlici polnozrnate pšenične moke
- 2 žlički sladkorja + 2 t polnozrnate pšenice
- Moka

NAVODILA:

a) V rižev kuhalnik dodamo malo vode in nasekljana stebla rabarbare. Pokrito kuhamo nekaj minut. Dodajte na kocke narezano jabolko, jagode in ¼ c sladkorja

b) Tofu pretlačite v kuhinjski robot ali sekljalnik, dokler ni zelo gladek. Dodajte limonin sok, 2 T sladkorja, 2 T polnozrnate moke in obdelujte, dokler se dobro ne premeša.

c) 8" pekač za pito obložite z oljem in ga potresite z mešanico sladkorja in polnozrnate moke, približno 2 t vsakega. Mešanico tofuja razporedite po pekaču za pite. Pecite pri 400 F nekaj minut.

d) Mešanico rabarbare prelijte v fino cedilo in odcedite sok. Preostalo mešanico rabarbare prelijemo po pečenem limoninem tofuju.

31. Limonin sorbet

SESTAVINE:

- 1 skodelica sveže iztisnjenega limoninega soka
- 1 skodelica vode
- 1 skodelica granuliranega sladkorja

NAVODILA:

a) V ponvi zmešajte vodo in sladkor. Segrevajte na zmernem ognju, dokler se sladkor popolnoma ne raztopi in nastane preprost sirup.

b) Pustite, da se preprosti sirup ohladi na sobno temperaturo.

c) Sveže iztisnjen limonin sok zmešajte s preprostim sirupom.

d) Zmes vlijemo v aparat za sladoled in stepamo po navodilih proizvajalca.

e) Prenesite limonin sorbet v nepredušno posodo in zamrznite za nekaj ur, dokler se ne strdi.

f) Med jedmi postrezite majhno merico limoninega sorbeta, da očistite okus.

32. Mini limonine tartlete

SESTAVINE:
ZA TART ŠKOLJKE:
- 1 ¼ skodelice večnamenske moke
- ¼ skodelice sladkorja v prahu
- ½ skodelice nesoljenega masla, hladnega in narezanega na kocke

ZA LIMONIN NADEV:
- ¾ skodelice granuliranega sladkorja
- 2 žlici koruznega škroba
- ¼ čajne žličke soli
- 3 velika jajca
- ½ skodelice sveže iztisnjenega limoninega soka
- Lupina 2 limon
- ¼ skodelice nesoljenega masla, narezanega na kocke

NAVODILA:
a) V kuhinjskem robotu zmešajte moko in sladkor v prahu. Dodajte hladno, na kocke narezano maslo in mešajte, dokler zmes ne postane podobna grobim drobtinam.

b) Mešanico vtisnite v pekače za mini tartlete, tako da enakomerno prekrijete dno in stranice. Dno prebodemo z vilicami.

c) Tortne lupine hladite v hladilniku približno 30 minut.

d) Pečico segrejte na 350 °F (175 °C).

e) Torte pečemo 12-15 minut oziroma dokler ne postanejo zlato rjave barve. Pustimo, da se popolnoma ohladijo.

f) V ponvi zmešajte sladkor, koruzni škrob in sol. Postopoma vmešajte jajca, limonin sok in limonino lupinico.

g) Mešanico kuhajte na srednje nizkem ognju in nenehno mešajte, dokler se ne zgosti, približno 5-7 minut.

h) Odstranite z ognja in vmešajte na kocke narezano maslo, dokler ni gladko.
i) Ohlajene lupine za tart napolnite z limoninim nadevom.
j) Pred serviranjem hladite vsaj 1 uro. Pred serviranjem po želji potresemo s sladkorjem v prahu.
k) Uživajte v svojih Mini limonovih tartletih!

33. Parfeji limonine meringue pite

SESTAVINE:
- 4 veliki beljaki
- 1 skodelica granuliranega sladkorja
- 1 čajna žlička koruznega škroba
- 1 čajna žlička vanilijevega ekstrakta
- 1 ½ skodelice limonine skute
- 1 ½ skodelice stepene smetane
- Limonina lupina za okras

NAVODILA:
a) V čisti posodi za mešanje stepajte beljake na visoki hitrosti, dokler ne nastane mehak sneg.
b) Med nenehnim stepanjem postopoma dodajajte sladkor, dokler ne nastanejo trdi, sijoči vrhovi.
c) Nežno vmešajte koruzni škrob in vanilijev ekstrakt.
d) Mešanico meringue z žlico stresite v cevno vrečko z zvezdasto konico.
e) V servirne kozarce ali sklede naložite limonino skuto, stepeno smetano in meringue.
f) Ponavljajte plasti, dokler ne napolnite kozarcev, na koncu pa plast meringue.
g) Neobvezno: s kuhinjskim plamenikom rahlo zapecite meringue.
h) Okrasite z limonino lupinico.
i) Postrezite takoj ali ohladite do serviranja.
j) Uživajte v parfejih z limonino meringue pito!

34. Limonin in sivkin kosmič

SESTAVINE:
- 1 skodelica sladkorja
- 1 ½ skodelice težke smetane
- ½ skodelice polnomastnega mleka
- 6 velikih jajc
- ¼ čajne žličke soli
- ¼ skodelice svežega limoninega soka
- 1 žlica limonine lupinice
- 2 žlički posušenih cvetov sivke
- Stepena smetana in dodatni cvetovi sivke za serviranje

NAVODILA:
a) Pečico segrejte na 325°F.
b) V srednje veliki kozici segrevajte sladkor na zmernem ognju in nenehno mešajte, dokler se ne stopi in postane zlato rjave barve.
c) Stopljeni sladkor vlijemo v 9-palčni model za flan, z vrtenjem pokrijemo dno in stranice modela.
d) V majhni kozici na zmernem ognju segrejte smetano, polnomastno mleko, limonin sok, limonino lupinico in sivkine cvetove ter nenehno mešajte, dokler ne zavre.
e) V ločeni posodi stepemo jajca in sol.
f) Zmes vroče smetane počasi vlivamo v jajčno zmes, med nenehnim mešanjem.
g) Mešanico precedimo skozi sito z drobno mrežico in vlijemo v model za flante.
h) Model postavite v velik pekač in ga napolnite s toliko vroče vode, da pride do polovice stene modela.
i) Pecite 50-60 minut ali dokler se flan ne strdi in ob stresanju rahlo zatrese.

j) Odstranite iz pečice in pustite, da se ohladi na sobno temperaturo, preden jo postavite v hladilnik za vsaj 2 uri ali čez noč.

k) Za serviranje z nožem potegnite po robovih modela in ga obrnite na servirni krožnik. Postrežemo s stepeno smetano in potresemo s sivkinimi cvetovi.

35. Limona Zabaglione

SESTAVINE:

- 2 veliki jajci
- 6 velikih rumenjakov
- 1 skodelica sladkorja
- 1 žlica naribane limonine lupinice
- ¼ skodelice svežega limoninega soka
- ½ skodelice sladke madeire, kremnega šerija ali rubinastega portovca

NAVODILA:

a) V zgornjem delu parnega kuhalnika zmešamo cela jajca, rumenjake in sladkor. Zmes stepamo, dokler ne postane svetla in gosta.

b) Dodajte naribano limonino lupinico, svež limonin sok in sladko Madeiro, kremni šeri ali rubinasti portovec po izbiri.

c) Parni kotel postavite nad vrelo vodo in pazite, da se dno posode z jajčno mešanico ne dotika vrejoče vode.

d) Nadaljujte s stepanjem in mešanjem mešanice nad vrelo vodo, dokler se prostornina ne potroji in postane vroča na dotik. To naj traja nekaj minut.

e) Ko se zabaglione zgosti in poveča prostornino, ga odstavimo z ognja.

f) Limonin zabaglione razdelite med visoke kozarce s peclji.

g) Postrezite takoj, da uživate v čudoviti limonini dobroti.

36. Meyerjeva limonina narobe obrnjena torta

SESTAVINE:

- ¼ skodelice (57 gramov) nesoljenega masla
- ¾ skodelice (165 gramov) pakiranega svetlo rjavega sladkorja
- 3 Meyerjeve limone, narezane na ¼-palčne debele rezine
- 1 ½ skodelice (195 gramov) večnamenske moke
- 1 ½ žličke pecilnega praška
- ¼ čajne žličke sode bikarbone
- ½ čajne žličke košer soli
- ¼ čajne žličke sveže mletega muškatnega oreščka
- ½ čajne žličke mletega ingverja
- ¼ čajne žličke mletega kardamoma
- 1 skodelica (200 gramov) granuliranega sladkorja
- 2 žlički limonine lupinice
- ½ skodelice (114 gramov) nesoljenega masla, sobne temperature
- 2 žlički vanilijevega ekstrakta
- 2 veliki jajci, sobne temperature
- ¾ skodelice pinjenca

NAVODILA:

a) Pečico segrejte na 350 stopinj Fahrenheita (175 stopinj Celzija). 9-palčni okrogel pekač za torte postavite v pečico z ¼ skodelice masla, narezanega na koščke. V ponvi stopite maslo, dokler se ravno ne stopi. S čopičem za pecivo premažite stopljeno maslo ob straneh pekača. Po raztopljenem maslu enakomerno potresemo pakiran svetlo rjavi sladkor.

b) Rezine Meyerjeve limone razporedite po vrhu rjavega sladkorja in jih po potrebi prekrivajte.

c) V srednji skledi zmešajte večnamensko moko, pecilni prašek, sodo bikarbono, košer sol, sveže mleti muškatni oreček, mleti ingver in mleti kardamom, dokler se dobro ne premešajo.

d) V skledo stoječega mešalnika dajte granulirani sladkor. Na sladkor dodajte limonino lupinico in jo s prsti vtrite v sladkor. Sladkorju dodajte nesoljeno maslo sobne temperature in vanilijev ekstrakt. Zmes stepajte pri srednji hitrosti, dokler ne postane rahla in puhasta, približno 3 do 4 minute.

e) Eno za drugim dodajte jajca in po vsakem dodajanju dobro stepite.

f) Polovico mešanice moke dodajte mešanici masla in sladkorja. Mešajte pri nizki hitrosti, dokler se dobro ne poveže. Na stenah sklede je lahko nekaj moke, kar je v redu.

g) Prilijemo pinjenec in mešamo na srednji hitrosti, dokler se ne združi.

h) Dodajte preostalo mešanico moke in mešajte pri nizki hitrosti, dokler se le ne združi. Z lopatko postrgajte po stenah in dnu posode ter mešajte še 10 sekund, da se vse sestavine dobro povežejo.

i) Testo nežno prelijemo čez narezane limone v pekaču za torto in po vrhu zgladimo s lopatko.

j) Torto pečemo v predhodno ogreti pečici približno 45 minut oziroma dokler tester za torto ne izstopi čist, ko ga vstavimo v sredino torte.

k) Pustite, da se torta 10 minut hladi v pekaču. Z nožem potegnite po robovih, da sprostite torto, nato pa jo obrnite na krožnik. Na vrhu torte bodo čudovito karamelizirane rezine Meyerjeve limone.

l) Uživajte v tej čudoviti narobe obrnjeni torti Meyer Lemon z bleščečimi citrusnimi dragulji na vrhu!

37. Limonine posode de Creme

SESTAVINE:

- 2 srednji limoni
- ⅔ skodelice granuliranega sladkorja
- 1 jajce
- 4 rumenjaki
- 1 ¼ skodelice težke smetane
- 5 žličk slaščičarskega sladkorja
- 6 kandiranih vijolic (po želji)

NAVODILA:

a) Pečico segrejte na 325 °F (165 °C).

b) Limoni nastrgamo lupinico, da dobimo približno 1 čajno žličko limonine lupinice. Limone ožemite, da iztisnete ½ skodelice limoninega soka.

c) V skledi za mešanje zmešajte granulirani sladkor, jajca in rumenjake, dokler se dobro ne povežejo.

d) Postopoma vmešajte smetano, dokler se sladkor popolnoma ne raztopi.

e) Zmes pretlačimo skozi cedilo, da dobimo gladko kremo brez grudic. Vmešajte limonino lupinico, da mešanica prepoji limonin okus.

f) V globok pekač položite šest lončkov za kremo ali souffle s ½ skodelice.

g) Limonino mešanico enakomerno porazdelite med šest lončkov za kremo.

h) V pekač previdno nalijte vročo vodo iz pipe, da pride največ ½ palca od vrha lončkov. Ta vodna kopel bo pomagala, da se bodo kreme enakomerno kuhale.

i) Kreme pečemo nepokrite v predhodno ogreti pečici približno 35 do 40 minut oziroma dokler se ravno ne strdijo v sredini. Kreme se morajo ob nežnem stresanju v sredini rahlo tresti.

j) Ko končate, previdno vzemite pots de creme iz vodne kopeli in jih postavite na stran, da se popolnoma ohladijo.

SERVIRANJE:

k) Pred serviranjem potresite površino vsake kreme s slaščičarskim sladkorjem, da dodate sladek pridih in izboljšate predstavitev.

l) Po želji lahko vsak pot de creme okrasite s kandirano vijolico za eleganten in barvit zaključni pridih.

m) Lemon Pots de Creme postrezite ohlajeno in uživajte v čudovitih citrusnih in kremastih okusih.

38. Francoski makaroni z limono

SESTAVINE:
ZA MAKARONOVE LUPINE:
- 100 g super fine mandljeve moke
- 75 g sladkorja v prahu
- 70 g (1/3 skodelice) beljakov, pri sobni temperaturi
- 1/4 čajne žličke vinskega kamna, po želji
- 1/4 čajne žličke grobe košer soli
- 75 g super finega granuliranega sladkorja
- 1/2 čajne žličke svežega limoninega soka
- Rumena gel barvilo za živila
- 1 čajna žlička limonine lupinice

ZA LIMONINO MASLENO KREMO:
- 80 g nesoljenega masla, sobne temperature
- 130 g sladkorja v prahu, presejanega
- 1 žlica svežega limoninega soka
- 1 čajna žlička limonine lupinice
- 1/8 čajne žličke grobe košer soli

NAVODILA:
IZDELAVA MAKARONSKIH LUPIN:
a) 2 pekača obložite s pergamentnim papirjem ali silikonskimi podlogami. (Za enakomerno kroženje zraka obrnite pekače na glavo.)

b) Dvakrat presejemo mandljevo moko in sladkor v prahu. Če v situ ostaneta do 2 žlici krhkih suhih sestavin, vam ga ni treba zamenjati; preprosto zavrzite te koščke.

c) V čisti skledi za mešanje z nastavkom za stepanje stepemo beljake na srednji do nizki hitrosti, dokler niso penasti.

d) Beljakom dodamo vinski kamen in sol ter stepamo še naprej.

e) Med delovanjem mešalnika počasi dodajajte granulirani sladkor, eno žlico za žlico. Po vsakem dodatku pustite, da se sladkor raztopi.

f) Ko meringue doseže mehke vrhove, dodajte limonin sok in nekaj kapljic rumene jedilne barve v gelu.

g) Nadaljujte s stepanjem beljakov na srednji do nizki hitrosti, dokler ne nastane trd sneg. Meringue se mora v notranjosti metlice dvigniti na kroglo, in ko metlico dvignete, mora imeti koničast konec in imeti ostra rebra.

h) Meringu dodamo limonino lupinico in stepamo še približno 30 sekund.

i) Mešanico mandljeve moke presejemo v meringue. Suhe sestavine zmešajte v meringue s silikonsko lopatko, dokler niso popolnoma vmešane. Nato nadaljujte z zlaganjem testa, dokler ni dovolj tekoče, da narišete osmico. Preizkusite testo tako, da spustite majhno količino v skledo; če se vrhovi v približno 10 sekundah sami raztopijo v testu, je pripravljeno. Pazite, da testa ne prepognete preveč.

j) Testo prenesite v slaščičarsko vrečko z okroglo konico.

k) Vrečko za pecivo držite pod kotom 90° in na pripravljene pekače napeljite približno 1,5-palčne kroge približno en palec narazen. S pekači močno potrkajte po pultu, da se znebite zračnih mehurčkov.

l) Pustite makarone stati na pultu vsaj 15-30 minut, dokler se testo ob rahlem dotiku ne oprime prstov.

m) Pečico segrejte na 300°F (150°C).

n) Pecite en pladenj makaronov naenkrat na srednji rešetki približno 15-18 minut. Kuhani makaroni morajo biti čvrsti na dotik, podlaga pa se ne sme premikati.

o) Macarone popolnoma ohladite in jih nato odstranite s pergamentnega papirja.

PRIPRAVA LIMONINE MASLENE KREME:

p) V skledi za mešanje z nastavkom za stepanje stepite maslo, dokler ni penasto.

q) Dodajte sladkor v prahu, limonin sok, limonino lupinico in sol ter stepajte, dokler se dobro ne združi.

r) Masleno kremo prenesite v slaščičarsko vrečko z okroglo ali zvezdasto konico.

ZA SESTAVLJANJE MAKARONOV:

s) Ohlajene lupine makaronov razporedite po velikosti in jih razporedite po rešetki, tako da so spodnje lupine obrnjene navzdol.

t) Na spodnje lupine nanesite kepico limonine maslene kreme in zgornjo lupino položite na nadev ter rahlo pritisnite, da se nadev razporedi do robov.

u) Napolnjene makarone hranite v nepredušni posodi v hladilniku za vsaj 24 ur, da dozorijo, tako da se nadev zmehča in začini lupine.

v) Za serviranje vzemite makarone približno 30 minut pred serviranjem.

w) Macarone hranite v hladilniku v nepredušni posodi do 5 dni ali zamrznite do 6 mesecev.

39. Lemon Brûlée tart

SESTAVINE:
ZA SKORICO:
- 1 ½ skodelice drobtin graham krekerja
- 6 žlic nesoljenega masla, stopljenega
- ¼ skodelice granuliranega sladkorja

ZA NADEV:
- 4 rumenjaki
- 1 pločevinka (14 unč) sladkanega kondenziranega mleka
- ½ skodelice svežega limoninega soka
- 1 žlica naribane limonine lupinice

ZA PRELIV:
- Granulirani sladkor, za karamelizacijo

NAVODILA:
a) Pečico segrejte na 350 °F (175 °C).
b) V skledi zmešajte drobtine graham krekerja, stopljeno maslo in sladkor. Zmes potisnite na dno in navzgor ob straneh pekača za tart.
c) V ločeni skledi zmešajte rumenjake, sladkano kondenzirano mleko, limonin sok in limonino lupinico, dokler se dobro ne povežejo.
d) V pripravljeno skorjo vlijemo limonin nadev.
e) Pečemo približno 15-20 minut, oziroma dokler se nadev ne strdi.
f) Odstranite iz pečice in pustite, da se ohladi na sobno temperaturo. Nato pustite v hladilniku vsaj 2 uri ali dokler se ne ohladi.
g) Tik preden torto postrežemo, jo potresemo s tanko plastjo granuliranega sladkorja. S kuhalnico karamelizirajte sladkor, dokler ne nastane hrustljava skorjica.

h) Pustite nekaj minut, da se sladkor strdi, nato narežite in postrezite.

40. Lemon Ice Brûlée s karamelo

SESTAVINE:
- 1 skodelica težke smetane
- 1 skodelica polnomastnega mleka
- 4 rumenjaki
- ½ skodelice granuliranega sladkorja
- 1 žlica naribane limonine lupinice
- ¼ skodelice limoninega soka
- ½ skodelice karamele
- Granulirani sladkor, za karamelizacijo
- Maline, za serviranje

NAVODILA:
a) V ponvi na srednjem ognju segrevajte smetano, polnomastno mleko in limonino lupinico, dokler ne začne vreti. Odstranite z ognja.

b) V ločeni skledi zmešajte rumenjake, sladkor in limonin sok, dokler se dobro ne povežejo.

c) Vročo smetanovo zmes počasi vlivamo v rumenjakovo zmes, ob stalnem mešanju.

d) Zmes vrnemo v ponev in na majhnem ognju ob stalnem mešanju kuhamo toliko časa, da se zgosti in prekrije hrbtno stran žlice. Ne pustite, da zavre.

e) Odstranite z ognja in pustite, da se mešanica ohladi na sobno temperaturo. Nato postavite v hladilnik za vsaj 4 ure ali čez noč.

f) Ohlajeno zmes vlijemo v aparat za sladoled in stepamo po navodilih proizvajalca.

g) V zadnjih nekaj minutah mešanja dodajte koščke karamele in nadaljujte z mešanjem, dokler niso enakomerno porazdeljeni.

h) Stepen sladoled prestavimo v posodo in zamrznemo za vsaj 2 uri, da se strdi.
i) Vsako porcijo tik pred serviranjem potresemo s tanko plastjo granuliranega sladkorja. S kuhalnico karamelizirajte sladkor, dokler ne nastane hrustljava skorjica.
j) Pustite nekaj minut, da se sladkor strdi, nato postrezite in uživajte.

41. Lemon Curd Gelato

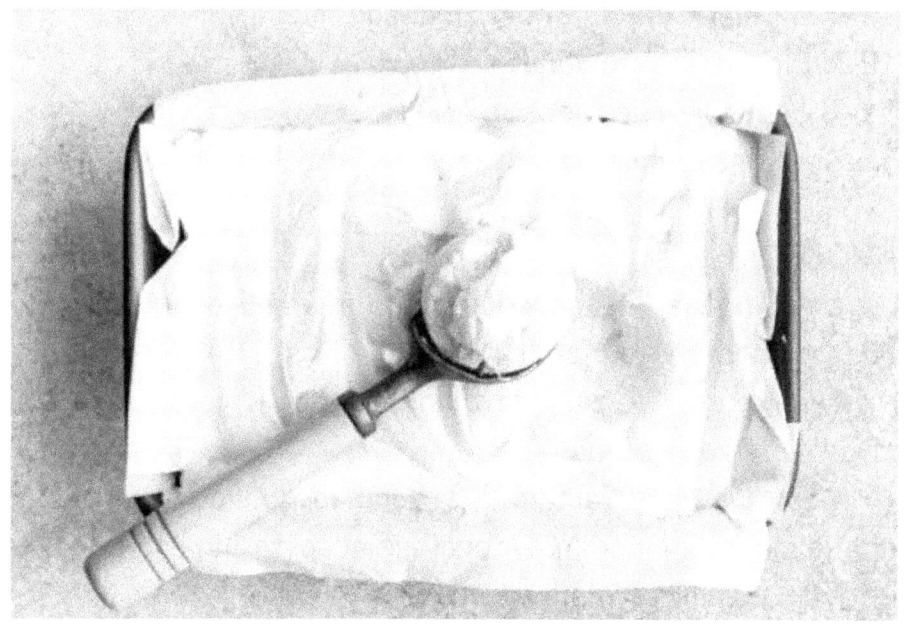

SESTAVINE:

- 500 ml dvojne smetane
- 395 ml pločevinka kondenziranega mleka
- 2 žlički ekstrakta vanilije
- 2 žlici Limoncello (neobvezno)
- 320 gramov limonine skute

NAVODILA:

a) V skledo vlijemo smetano, mleko in vanilijo ter mešamo, dokler ne nastanejo mehki vrhovi.

b) Zmes vlijemo v zamrzovalno posodo in jo za eno uro postavimo v zamrzovalnik.

c) Po eni uri ga vzamemo iz zamrzovalnika in vmešamo lemon curd in limoncello. Dobro premešajte in nato ponovno postavite v zamrzovalnik za nadaljnje 4 ure.

d) Odstranite iz zamrzovalnika in postrezite.

42. Satovjasta limonina torta

SESTAVINE:

ZA TORTO:
- 2 skodelici večnamenske moke
- 2 žlički pecilnega praška
- ½ čajne žličke sode bikarbone
- ¼ čajne žličke soli
- ½ skodelice nesoljenega masla, zmehčanega
- 1 skodelica granuliranega sladkorja
- 3 velika jajca
- Lupina 2 limon
- ¼ skodelice svežega limoninega soka
- ½ skodelice pinjenca
- ¼ skodelice medu
- 1 čajna žlička vanilijevega ekstrakta

ZA POLNJENJE SATJA:
- 1 skodelica satja, zdrobljenega na majhne koščke

ZA LIMONINO GLAZURO:
- 1 skodelica sladkorja v prahu
- 2 žlici svežega limoninega soka

NAVODILA:

a) Pečico segrejte na 350 °F (175 °C). Namastite in pomokajte 9-palčni okrogel pekač za torte.

b) V srednji skledi zmešajte moko, pecilni prašek, sodo bikarbono in sol. Dati na stran.

c) V veliki posodi za mešanje zmešajte zmehčano maslo in granulirani sladkor, dokler ne postane svetlo in puhasto.

d) Eno za drugim stepemo jajca, nato še limonino lupinico in limonin sok.

e) Masleni mešanici dodajte pinjenec, med in ekstrakt vanilije ter mešajte, dokler se dobro ne združi.

f) Postopoma dodajajte suhe sestavine k mokrim sestavinam in mešajte, dokler se ravno ne mešajo. Pazite, da ne premešate preveč.

g) Polovico testa za torto vlijemo v pripravljen pekač in ga enakomerno porazdelimo.

h) Po testu potresemo zdrobljene bonbone iz satja, da zagotovimo enakomerno porazdelitev.

i) Preostalo tortno maso prelijemo čez plast bonbonov iz satja in jo razporedimo tako, da prekrijemo nadev.

j) Pecite v predhodno ogreti pečici 30-35 minut oziroma dokler zobotrebec, ki ga zapičite v sredino, ne izstopi čist.

k) Torto vzamemo iz pečice in pustimo, da se 10 minut ohlaja v pekaču, nato jo prestavimo na rešetko, da se popolnoma ohladi.

l) Medtem ko se torta ohlaja, pripravite limonino glazuro, tako da sladkor v prahu in svež limonin sok stepete do gladkega.

m) Ko se torta ohladi, po vrhu torte pokapljamo limonino glazuro.

n) Narežite in postrezite okusno Satovo limonino torto.

43. Mousse iz limonine skute

SESTAVINE:

- ½ skodelice težke smetane
- ½ skodelice limonine skute, pripravljene
- Sveže borovnice, oprane in posušene
- Vejice sveže mete, za okras

NAVODILA:

a) Z ohlajenimi metlicami stepemo smetano do gostega. Stepeno smetano vmešamo v limonino skuto.

b) Zmešajte limonin mousse z borovnicami.

c) Ali pa plast mousse, sveže borovnice in mousse v kozarcu za vino; okrasite s svežo meto.

44. Limonin Semifreddo

SESTAVINE:

- 4 rumenjaki
- ½ skodelice granuliranega sladkorja
- 1 skodelica težke smetane
- Lupina 2 limon
- 1 žlica svežih listov rožmarina, drobno sesekljanih

NAVODILA:

a) V veliki posodi za mešanje penasto stepite rumenjake in sladkor, da postanejo bledi in kremasti.

b) V ločeni skledi stepite smetano, dokler ne nastanejo mehki vrhovi.

c) V stepeno smetano nežno vmešamo limonino lupinico in nasekljan rožmarin.

d) Mešanico stepene smetane postopoma dodajajte mešanici rumenjakov in nežno premešajte, dokler se dobro ne poveže.

e) Mešanico vlijemo v pekač ali posamezne rampeke.

f) Zamrznite vsaj 6 ur ali čez noč.

g) Za serviranje vzemite iz zamrzovalnika in pustite stati na sobni temperaturi nekaj minut, preden ga narežete.

45. Sendviči z limoninim sladoledom

SESTAVINE:

- 1 ½ skodelice večnamenske moke
- ½ čajne žličke sode bikarbone
- ¼ čajne žličke soli
- ½ skodelice nesoljenega masla, zmehčanega
- ½ skodelice granuliranega sladkorja
- ½ skodelice pakiranega rjavega sladkorja
- 1 veliko jajce
- 1 čajna žlička vanilijevega ekstrakta
- Lupina 1 limone
- 1-pint limoninega sladoleda

NAVODILA:

a) Pečico segrejte na 375 °F (190 °C) in obložite pekač s pergamentnim papirjem.

b) V skledi zmešajte moko, sodo bikarbono in sol.

c) V ločeni skledi za mešanje zmešajte zmehčano maslo, granulirani sladkor in rjavi sladkor, dokler ne postane svetlo in puhasto. Dodajte jajce, ekstrakt vanilije in limonino lupinico ter mešajte, dokler se dobro ne poveže.

d) Masleni mešanici postopoma dodajajte suhe sestavine in mešajte, dokler se le ne premešajo. Nežno vmešajte sveže borovnice.

e) Zaobljene jedilne žlice testa polagajte na pripravljen pekač tako, da jih razmaknete približno 2 cm narazen. Vsako kroglico testa rahlo sploščite z dlanjo.

f) Pečemo 10-12 minut oziroma dokler robovi niso zlato rjavi. Pustite, da se piškoti popolnoma ohladijo.

g) Vzemite kepico limoninega sladoleda in jo položite med dva piškota.

h) Sladoledne sendviče pred serviranjem postavite v zamrzovalnik za vsaj 1 uro, da se strdijo.

GLAZURA IN GLAZURA

46. Limonina glazura

SESTAVINE:

- 1 skodelica sladkorja v prahu
- 2 žlici sveže iztisnjenega limoninega soka
- 1 čajna žlička limonine lupinice

NAVODILA:

a) V majhni posodi skupaj zmešajte sladkor v prahu, limonin sok in limonino lupinico, dokler ni gladka.

b) Konsistenco prilagodite tako, da po potrebi dodate več sladkorja v prahu ali limoninega soka.

c) Sladico pokapajte z limonino glazuro in pustite, da se strdi, preden jo postrežete.

47. Malinova limonadna glazura

SESTAVINE:

- 1 skodelica sladkorja v prahu
- 2 žlici malinovega pireja (precejenega)
- 1 žlica sveže iztisnjenega limoninega soka
- Limonina lupina (neobvezno, za okras)

NAVODILA:

a) V majhni posodi skupaj zmešajte sladkor v prahu, malinov pire in limonin sok do gladkega.

b) Konsistenco prilagodite tako, da po potrebi dodate še sladkor v prahu ali malinov pire.

c) Sladico pokapljajte z malinovo limonadno glazuro in po želji potresite z limonino lupinico.

d) Pred serviranjem pustite, da se glazura strdi.

48. Glazura z limoninim maslom

SESTAVINE:
- 1 skodelica nesoljenega masla, zmehčanega
- 4 skodelice sladkorja v prahu
- 2 žlici sveže iztisnjenega limoninega soka
- 1 žlica limonine lupinice
- 1 čajna žlička vanilijevega ekstrakta

NAVODILA:
a) V posodi za mešanje stepite zmehčano maslo, dokler ni gladko.

b) Postopoma dodajte sladkor v prahu, približno 1 skodelico naenkrat, in po vsakem dodajanju dobro premešajte.

c) Masleni mešanici dodajte limonin sok, limonino lupinico in ekstrakt vanilje. Mešajte, dokler ni gladka in kremasta.

d) Prilagodite gostoto tako, da dodate več sladkorja v prahu za tršo glazuro ali več limoninega soka za redkejšo glazuro.

e) Glazuro z limoninim maslom namažite ali nanesite na ohlajene torte ali kolačke.

49. Glazura z limoninim makom

SESTAVINE:

- 1 skodelica nesoljenega masla, zmehčanega
- 4 skodelice sladkorja v prahu
- 2 žlici sveže iztisnjenega limoninega soka
- 2 žlički limonine lupinice
- 1 žlica makovih semen

NAVODILA:

a) V posodi za mešanje stepite zmehčano maslo, dokler ni gladko.

b) Postopoma dodajte sladkor v prahu, eno skodelico naenkrat, in nadaljujte s stepanjem, dokler ni dobro premešano.

c) Primešajte limonin sok, limonino lupinico in makova semena. Mešajte, dokler se popolnoma ne premeša.

d) Na ohlajene torte ali kolačke namažite ali nanesite glazuro z limoninim makom.

LIMONADE

50. Klasična sveže iztisnjena limonada

SESTAVINE:

- Sok iz 8 velikih limon
- 6 skodelic vode
- $1\frac{1}{4}$ skodelice granuliranega sladkorja
- 1 limona, narezana

NAVODILA :

a) V velikem vrču zmešajte limonin sok z vodo in sladkorjem.

b) Mešajte, dokler se sladkor ne raztopi. Hladite, dokler se ne ohladi, približno 1 uro.

c) Limonado prelijemo čez led in v vsak kozarec pred serviranjem dodamo rezino limone.

51. Limonada roza grenivke

SESTAVINE:

- 50 g zlatega sirupa
- ¼ čajne žličke himalajske ali grobe morske soli
- 4 rožnate grenivke iz Floride, iztisnjene, z dodatnimi rezinami za serviranje
- 2 limoni, iztisnjen sok

NAVODILA:

a) V majhni ponvi zmešajte zlati žetonov sirup in 100 ml vode. Mešanico zavrite in mešajte, da se sladkor raztopi. Odstavimo, da se ohladi.
b) V velik vrč dodajte 400 ml vode in jo dopolnite z ledom.
c) Ohlajen sladkorni sirup prelijemo z ledom in vodo v vrču.
d) V vrč dodajte himalajsko ali grobo morsko sol, sveže iztisnjen sok rožnate grenivke in limonin sok.
e) Zmes dobro premešamo, da se vse sestavine povežejo.
f) Postrezite limonado z rožnato grenivko v kozarcih, okrašeno z rezinami rožnate grenivke za osvežujoč in pikanten poslastico s citrusi. Uživajte!

52. Mimoze z malinovo limonado

SESTAVINE:
- 3 unče šampanjca
- 3 unče malinove limonade
- Roza ali rdeč sladkorni posip
- 2-3 sveže maline

NAVODILA:

a) Za obrobo kozarcev: Na krožnik ali plitvo skledo nalijte majhno količino malinove limonade. Enako storite z rožnatim ali rdečim sladkornim posipom na ločenem krožniku.

b) Rob piščali za šampanjec pomočimo v malinovo limonado, pri tem pa pazimo, da obrobimo ves rob.

c) Nato premazani rob kozarca pomočite v obarvan sladkor, da ustvarite okrasni sladkorni rob.

d) V pripravljen kozarec nalijemo malinovo limonado in šampanjec ter nežno premešamo, da se okusi premešajo.

e) V koktajl dodajte 2-3 sveže maline za dodaten izbruh sadne dobrote.

f) Postrezite mimoze z malinovo limonado in uživajte v tem čudovitem in osvežilnem koktajlu med malico z dekleti.

53. Špricer z jagodno limonado

SESTAVINE:

- 1 skodelica svežih jagod, oluščenih in narezanih
- ½ skodelice svežega limoninega soka
- ¼ skodelice granuliranega sladkorja
- 2 skodelici gazirane vode
- Ledene kocke
- Listi sveže mete za okras

NAVODILA:

a) V mešalniku zmešajte jagode, limonin sok in sladkor. Mešajte do gladkega.

b) Mešanico precedite skozi fino mrežasto sito, da odstranite morebitna semena.

c) Napolnite kozarce z ledenimi kockami in čez led prelijte mešanico jagode in limone.

d) Vsak kozarec dolijte z gazirano vodo in nežno premešajte.

e) Okrasite z lističi sveže mete in postrezite.

54. Limonada zmajevega sadja

SESTAVINE:
- 1 velik zmajev sadež - rožnato ali belo meso, lupina je odstranjena
- 5 skodelic vode
- ½ skodelice agavinega nektarja ali javorjevega sirupa
- 1 skodelica sveže iztisnjenega limoninega soka

NAVODILA:
a) Zmešajte zmajevo sadje z 1 skodelico vode do želene teksture.
b) Mešanico zmajevega sadja prenesite v vrč za limonado in dodajte preostale 4 skodelice vode, limonin sok in sladilo. Premešajte, okusite in po potrebi prilagodite sladilo in/ali vodo.
c) Postrežemo lahko takoj nad kozarcem, napolnjenim z ledenimi kockami.
d) Shranjujte v hladilniku, da se ohladi in pred serviranjem dobro premešajte. Uživajte!

55. Limonada s kivijem

SESTAVINE:

- 4 olupljeni kiviji
- 12-unčna pločevinka zamrznjenega koncentrata limonade, odmrznjena
- 3 skodelice gazirane limonino-limetine pijače, ohlajene

NAVODILA:

a) Kivi narežemo na koščke.

b) Krhlje sadja in koncentrat limonade pretlačite v kuhinjskem robotu do gladkega.

c) Mešanico prelijte skozi žično mrežasto cedilo v vrč, pri čemer zavrzite trdne delce.

d) Tik pred serviranjem vmešajte limonino-limetin napitek.

56. Malinova kefirjeva limonada

SESTAVINE:
- ½ skodelice svežih ali odmrznjenih malin
- ⅔ skodelice sveže iztisnjenega limoninega soka
- ½ skodelice agavinega sirupa
- 3 skodelice kefirja

NAVODILA:
a) Vse sestavine dajte v mešalnik z visoko hitrostjo in mešajte do gladkega.
b) Precedite skozi plastično cedilo v vrč. Postrezite na ledu.
c) Hraniti ga bo 2 dni v hladilniku.

57. Limonada iz malin in koromača

SESTAVINE:
- 8 unč vode
- 8 unč malin + dodatek za okras
- 4 žlice sladkorja
- 1 čajna žlička semen koromača
- sok 2 limon
- ohlajeno vodo

NAVODILA:
a) V loncu ali kozici zmešajte maline s sladkorjem, semeni koromača in vodo ter zavrite na zmernem ognju.
b) Kuhamo toliko časa, da maline postanejo kašaste.
c) Pustite, da se ohladi na sobno temperaturo.
d) Zmešajte malinovo mešanico v gladek pire. Precedite in vmešajte limonin sok.
e) Postrežemo, prelijemo z ohlajeno vodo.
f) Okrasite s prihranjenimi malinami.

58. Slivova limonada

SESTAVINE:

- 32 unč vode, razdeljeno
- 2-3 cele zvezdaste janeževe
- 10 unč sladkorja
- 3 sveže rdeče slive brez koščic
- 2 limoni, temeljito očiščeni in prepolovljeni
- Ledene kocke, za serviranje

NAVODILA:

a) V ponvi zmešajte 16 unč (2 skodelici) vode in zvezdasti janež.

b) Zavremo in pustimo vreti nekaj minut, da se voda prepoji z okusom zvezdastega janeža. Odstranite ga z ognja in pustite, da se ohladi.

c) V ločeni ponvi pripravite preprost sirup, tako da sladkor zmešate s preostalimi 16 unčami (2 skodelici) vode.

d) Segrevajte na zmernem ognju in mešajte, dokler se sladilo popolnoma ne raztopi. Odstranite ga z ognja in pustite, da se ohladi.

e) Ko se voda z janežem in preprosti sirup ohladita, ju zmešajte v vrču.

f) V blenderju pretlačite izkoščičene rdeče slive do gladkega.

g) V blender s slivovo kašo iztisnemo sok iz razpolovljenih limon.

h) Dodajte mešanico sliv in limon v vrč z vodo, prepojeno z zvezdastim janežem, in preprostim sirupom. Vse skupaj dobro premešamo.

i) Slivovo limonado ohladite, dokler ni popolnoma ohlajena.

j) Za serviranje napolnite kozarce z ledenimi kockami in čez led prelijte slivovo limonado. Po želji okrasite z

dodatnimi rezinami sliv, rezinami limone ali zvezdastim janežem.
k) Uživajte v domači slivovi limonadi, čudoviti in osvežilni pijači z edinstvenim pridihom!

59. Limonada iz granatnega jabolka

SESTAVINE:
- ½ skodelice preprostega sirupa ali agavinega sladila
- ½ skodelice limoninega soka
- 1 skodelica soka granatnega jabolka
- 1 skodelica hladne vode
- 1 skodelica zdrobljenega ledu
- Ščepec soli

ZA RIM:
- 1 rezina limone
- ¼ čajne žličke popečene kumine
- 1 čajna žlička sladkorja
- ⅛ čajne žličke soli

NAVODILA:
a) V posodi za mešanje zmešajte preprost sirup (ali agavino sladilo), limonin sok, sok granatnega jabolka, ščepec soli in hladno vodo, dokler se dobro ne zmeša.

b) Zmes vlijemo v vrč, napolnjen z zdrobljenim ledom.

c) Če želite obrobiti kozarec, vzemite rezino limone in z njo podrgnite po robu kozarca, da ga prekrijete s tanko plastjo limoninega soka.

d) Na krožniku zmešamo popečeno kumino, sladkor in sol.

e) Rob kozarca pomočite v mešanico kumine, sladkorja in soli ter ga zavrtite, da obložite rob.

f) Nalijte svojo sveže pripravljeno limonado iz granatnega jabolka v kozarec z robom.

g) Takoj postrezite svojo živahno in sladko-trpko limonado iz granatnega jabolka in uživajte v tem osvežilnem pridihu klasične limonade s čudovitim dodatkom granatnega jabolka!

60. Češnjeva limonada

SESTAVINE:

- 1 funt svežih češenj (nekaj jih dajte na stran za okras)
- 2 skodelici sladkorja
- 8 skodelic vode
- 6 do 8 limon, plus dodatek za okras

NAVODILA:

a) V srednje veliki ponvi zmešajte češnje, sladkor in 3 skodelice vode.

b) Kuhajte 15 minut, nato pustite, da se ohladi na sobno temperaturo.

c) Mešanico precedite skozi fino mrežasto cedilo.

d) Iztisnite toliko limon, da dobite 1 ½ skodelice limoninega soka.

e) Zmešajte češnjev sok, limonin sok in približno 5-6 skodelic ohlajene vode (prilagodite svojemu okusu).

f) Dobro premešamo in po želji dodamo tanke rezine limone in sveže češnje za dodaten pridih.

61. Borovničeva limonada

SESTAVINE:

- 2 skodelici svežih borovnic, plus dodatek za okras
- 1 skodelica sveže iztisnjenega limoninega soka
- $\frac{1}{2}$ skodelice granuliranega sladkorja
- $\frac{1}{4}$ čajne žličke soli
- 4 skodelice vode

NAVODILA:

a) V mešalniku zmešajte sveže borovnice, limonin sok, granulirani sladkor in sol.

b) Mešanico obdelujte, dokler ni dobro združena, kar naj traja približno 45 sekund.

c) Zmešano mešanico prelijte skozi cedilo s finimi mrežicami v velik vrč, da odstranite vse trdne delce; zavrzite trdne snovi.

d) Mešajte vodo, dokler ni popolnoma vmešana.

e) Borovničevo limonado razdelite v 8 z ledom napolnjenih kozarcev in po želji okrasite z dodatnimi borovnicami.

f) Uživajte v osvežilni domači borovničevi limonadi!

62. Peneča limonada s sokom opuncije

SESTAVINE:

- Sok 4 limon
- ⅓ skodelice hladnega opuncijskega sirupa
- 2 skodelici hladne peneče vode
- ½ skodelice sladkorja

NAVODILA:

a) V posodi zmešajte hladen sveže iztisnjen limonin sok, hladen opuncijski sirup in hladno gazirano vodo. Temeljito premešajte, da zagotovite enakomerno zmes.

b) Penečo limonado postrezite z ledom in po želji vsak kozarec okrasite z rezino limone.

c) Uživajte v svoji osvežilni peneči limonadi s sokom opuncije – resnično sveži in čudoviti pijači!

63. Limonada iz črnega grozdja

SESTAVINE:

- 4 skodelice črnega grozdja brez pečk
- 1 ½ skodelice sladkorja, razdeljeno
- 7-8 skodelic hladne vode, razdeljeno
- Lupina 3 limon
- Sok 7 limon (približno 1 skodelica)

NAVODILA:

a) V veliki ponvi zmešajte črno grozdje, 1 skodelico vode, 1 skodelico sladkorja in limonino lupinico.

b) To mešanico kuhajte na zmernem ognju, medtem ko pretlačite grozdje, ko se zmehča.

c) Ko je vse grozdje pretlačeno, pustite, da zmes rahlo vre še dodatnih 10-15 minut, da se grozdne kožice sprostijo več barve.

d) Odstranite ponev z ognja in precedite mešanico ter zavrzite trdne delce.

e) Dodajte mešanico grozdja v vrč.

f) Primešamo limonin sok ter preostalo hladno vodo in sladkor. Okusite in prilagodite količino vode in sladkorja svojim željam.

g) Zmes ohladite, dokler ni ohlajena. (Naslednji dan razvije močnejši okus.)

h) Postrezite svežo limonado iz črnega grozdja z ledom in uživajte v osvežilnem okusu!

i) Uživajte v tej čudoviti domači stvaritvi.

64. Ličijeva limonada

SESTAVINE:
- 20 ličijev
- 1 žlica limoninega soka
- 6 listov mete
- ¼ čajne žličke črne soli
- 4 ledene kocke

NAVODILA:
a) Olupite vse ličije, odstranite semena in jih dajte v mešalnik ali mešalnik. Zmiksajte jih v gost sok.

b) V kozarcu pomešajte nekaj listov mete z limoninim sokom in črno soljo.

c) V kozarec dodajte ledene kocke in prilijte sok ličija. Pred serviranjem dobro premešamo.

d) Ličijevo limonado ob strani okrasite z rezino limone.

e) Uživajte v osvežujoči domači limonadi iz ličija, čudovitem indijskem mocktailu!

65.Limonada iz jabolk in ohrovta e

SESTAVINE:

- 1 skodelica špinače
- ½ limete
- 1 limona
- 1 kos ingverja (svež)
- 2 stebli zelene (odstranite liste)
- 2 zeleni jabolki
- 4 liste ohrovta

NAVODILA :

a) Operite vse sadje in zelenjavo, nato pa jih s papirnato brisačo posušite.

b) Olupite limeto, limono, ingver in jabolka.

c) Vse sestavine narežite na kose, ki se bodo prilegali v dovajalni žleb vašega sokovnika.

d) Koščke sadja in zelenjave položite v sokovnik. Pritisnite na sokovnik, dokler ne začne teči svež sok. Sočenje sestavin je odvisno od vrste sokovnika, ki ga imate.

66. Rabarbarina limonada

SESTAVINE:

- 4 skodelice vode
- ½ skodelice javorjevega sirupa
- 1 funt rabarbare (po potrebi olupljene, narezane)
- 3 skodelice vroče vode
- Ledene kocke
- Okras: rezine pomaranče ali vejice mete

NAVODILA:

a) V loncu zavrite 4 skodelice vode; odstranite z ognja, vmešajte javorjev sirup in pustite, da se ohladi.

b) V kuhinjskem robotu pretlačite sesekljano rabarbaro, dokler ne postane kaša.

c) V srednje veliki posodi nalijte 3 skodelice vroče vode čez rabarbarino kašo in pokrijte.

d) Na vodo z javorjevim sirupom v loncu položite sito. Precedite rabarbarino kašo v mešanico javorjevega sirupa in vode s pomočjo sita. Če želite združiti tekočino rabarbare in vodo iz javorjevega sirupa, ju zmešajte skupaj. Vrč do polovice napolnite z vodo.

e) Koktajl nalijte v štiri visoke kozarce, napolnjene s kockami ledu.

f) Postrezite z rezino pomaranče ali vejico mete kot okras.

67. Limonada iz redkvice

SESTAVINE:

- 1 skodelica redkev, obrezanih in sesekljanih
- 4 skodelice vode
- ½ skodelice sveže iztisnjenega limoninega soka
- ¼ skodelice medu ali sladila po izbiri
- Ledene kocke
- Listi sveže mete za okras

NAVODILA:

a) V mešalniku zmešajte redkvice in vodo. Mešajte do gladkega.

b) Mešanico precedite skozi fino sito v vrč.

c) V vrč dodajte limonin sok in med ter mešajte, dokler se dobro ne povežeta.

d) Postrezite na ledenih kockah in okrasite z listi sveže mete.

68. Užitek kumarične limonade

SESTAVINE:

- 1 ½ skodelice sveže iztisnjenega limoninega soka z dodatkom za okras
- 1 skodelica olupljene kumare brez semen, z dodatkom za okras
- 1 skodelica granuliranega sladkorja (ali kokosovega sladkorja)
- 6 skodelic vode (razdeljeno)
- Led

NAVODILA:

a) Začnite s stiskanjem soka iz limon.

b) Kumaro olupimo in z žlico odstranimo semena. (Če uporabljate angleško kumaro, lahko ta korak preskočite.)

c) V mešalnik dajte kumaro, sladkor in 2 skodelici tople vode. Mešajte, dokler ne dosežete gladke konsistence. Mešanico precedite skozi fino mrežasto sito v vrč, pri čemer uporabite lopatico, da potisnete tekočino skozi. Zavrzite celulozo; to lahko traja nekaj minut.

d) V vrč, v katerem je mešanica kumar, dodajte 4 skodelice hladne vode in sveže iztisnjen limonin sok.

e) Dodajte nekaj pesti ledu in postrezite. Po želji okrasite z dodatnimi rezinami kumare in rezinami limone.

f) Okusite osvežujočo dobroto kumarične limonade!

69. Minty Kale limonada

SESTAVINE:

- 500 ml ali 2 skodelici limonade (lahko tudi pomarančni sok)
- 1 steblo ohrovta
- Majhna pest listov mete
- 6 kock ledu

NAVODILA:

a) Ohrovtu odstranimo steblo in ga natrgamo na koščke. Vse sestavine, vključno s kockami ledu, dajte v mešalnik.

b) Mešajte, dokler zmes ni gladka in penasta, barva pa enakomerno zelena.

c) Osvežilni zvarek natočite v kozarce, za piko na i pa dodajte kocko ledu in rezino limete.

d) Uživajte v poživljajoči limonadi Minty Kale!

70. Limonada iz pese

SESTAVINE:
- 2 srednje veliki pesi, kuhani in olupljeni
- 1 skodelica sveže iztisnjenega limoninega soka (iz približno 6-8 limon)
- ½ skodelice granuliranega sladkorja (prilagodite okusu)
- 4 skodelice hladne vode
- Ledene kocke
- Rezine limone in listi mete za okras (neobvezno)

NAVODILA:
a) Peso lahko skuhate tako, da jo skuhate ali popečete. Da zavrejo, jih položite v lonec z vodo, zavrite in kuhajte približno 30-40 minut, dokler se ne zmehčajo.

b) Za pečenje jih zavijte v aluminijasto folijo in pecite v pečici pri 400 °F (200 °C) približno 45-60 minut, dokler niso mehki.

c) Kuhano peso ohladimo, nato jo olupimo in narežemo na krhlje.

d) Kuhano in narezano peso damo v blender ali kuhinjski robot.

e) Mešajte, dokler ne dobite gladkega pesinega pireja. Po potrebi lahko dodate žlico ali dve vode za pomoč pri mešanju.

f) Stisnite toliko limon, da dobite 1 skodelico svežega limoninega soka.

g) V vrču zmešajte pesni pire, sveže iztisnjen limonin sok in granulirani sladkor.

h) Mešajte, dokler se sladkor popolnoma ne raztopi.

i) Dodajte 4 skodelice hladne vode in dobro premešajte. Sladkor in limonin sok prilagodite okusu.

j) Limonado iz pese ohladite, dokler ni dobro ohlajena.

k) Postrezite čez ledene kocke v kozarcih.
l) Po želji vsak kozarec okrasite z rezino limone in vejico sveže mete.

71. Limonada z metuljnim grahom

SESTAVINE:
- 1½ skodelice vode
- 1 skodelica sladkorja v prahu
- ¼ skodelice posušenega cveta metuljevega graha
- Limonada

NAVODILA:

a) V majhni kozici zavremo vodo in sladkor v prahu. Pustite vreti 5 minut.

b) Odstranite z ognja. Dodajte posušene cvetove modrega metuljčka, nato pa postavite v hladilnik, da se popolnoma ohladi.

c) V kozarec dodajte led in nalijte modri sirup, da ga napolnite do polovice. Nalijte limonado, da napolnite kozarec. Postrežemo hladno.

72. Limonada iz sivke

SESTAVINE:
- 2 skodelici vode (za pripravo preprostega sirupa)
- 1 skodelica sladkorja
- 2 žlici posušene sivke ALI 6 svežih cvetov sivke
- 1 skodelica sveže iztisnjenega limoninega soka
- 1 skodelica hladne vode
- Led za serviranje

NAVODILA:
a) Začnite s pripravo sivkinega preprostega sirupa. Na kratko, zmešajte 2 skodelici vode, sladkorja in sivke v loncu in kuhajte, dokler se ne zmanjša.
b) V vrču ali enakomerno razdelite v dva kozarca zmešajte sveže iztisnjen limonin sok, hladno vodo in led.
c) Vmešajte sivkin preprost sirup. Sladkost prilagodite svojim željam. Če je preveč kislo, dodajte več preprostega sirupa; če je presladko, dodajte dodaten limonin sok in vodo.
d) Postrezite takoj. Ne pozabite, da se bo led hitro stopil in lahko rahlo razredči okus sivkine limonade, zato uživajte takoj!

73. Limonada iz rožne vode

SESTAVINE:

- 1 ½ skodelice sveže iztisnjenega limoninega soka
- 1 skodelica rožne vode
- 1 skodelica granuliranega belega sladkorja
- 4-6 skodelic vode, prilagodite svojemu okusu
- Rezine limone za okras
- Užitni cvetni listi vrtnic za hrano za okras
- Izbirno: Led po vaši želji

NAVODILA:

a) V prostornem avtomatu za pijačo ali vrču zmešajte 1 ½ skodelice sveže iztisnjenega limoninega soka, rožno vodo (1 skodelica rožne vode v kombinaciji z 1 skodelico granuliranega belega sladkorja) in 4-6 skodelic vode.

b) Temeljito premešajte, da se združi. Hladite, dokler niste pripravljeni za serviranje.

c) Po želji limonado okrasite z rezinami limone in dodatnimi cvetnimi listi vrtnic.

d) Limonado iz rožne vode postrezite z ledom ali brez, po svojem okusu. Uživajte!

74. Limonada s sivko in kokosom

SESTAVINE:
LIMONADA
- 1 ½ skodelice sveže iztisnjenega limoninega soka
- 1 ¾ skodelice sladkorja
- 8 skodelic kokosove vode
- 4 skodelice vode

SIVKA PREPROSTI SIRUP
- 2 skodelici sladkorja
- 1 ½ skodelice vode
- 3 žlice posušene sivke
- Nekaj kapljic poljubne vijolične jedilne barve

NAVODILA:
SIVKA PREPROSTI SIRUP
a) V srednje veliki ponvi z debelim dnom zmešajte sladkor, vodo in posušeno sivko.

b) Mešanico zavrite na močnem ognju in pustite vreti 1 minuto.

c) Odstranite ponev z ognja, jo pokrijte in pustite, da se sivka 20 minut namaka v sirupu.

d) Precedite sirup skozi fino sito, da odstranite sivko. Po želji dodajte nekaj kapljic vijolične jedilne barve, da bo limonada dobila vijoličen odtenek.

e) Sivkin sirup odstavimo, da se ohladi. Ko se ohladi, ga prenesite v nepredušno posodo in hranite v hladilniku do enega tedna.

LIMONADA S KOKOSOVO SIVKO
f) V vrču zmešajte sveže iztisnjen limonin sok, sladkor, kokosovo vodo in vodo.

g) Močno stresajte ali mešajte, dokler se ves sladkor popolnoma ne raztopi. Zaželeno je stresanje, saj pomaga prezračiti limonado.

h) V vrč vlijemo polovico sivkinega sirupa in premešamo. Količino sivkinega sirupa prilagodite svojemu okusu, po želji ga dodajte več ali manj.

i) Uživajte v svoji osvežilni kokosovi limonadi s sivko!

75. Sveža lila limonada e

SESTAVINE:

- 7-10 limon, plus dodatek za okras in rezine
- 1 ½ skodelice granuliranega sladkorja
- 8 ½ skodelice vode
- Led
- 2-3 glavice svežih cvetov lila

NAVODILA:

a) Limone prerežite na pol in iz njih stisnite sok s sokovnikom za citruse. Pridobiti boste morali 1 ½ skodelice limoninega soka.

b) Odstranite semena in pulpo iz limoninega soka z uporabo finega cedila. Sok ohladite.

c) Sveže vejice lila namočite v hladno vodo za najmanj 2 uri ali čez noč.

d) Ustvarite sirup tako, da v ponvi dodate 1 skodelico vode 1 ½ skodelice sladkorja. Med nenehnim mešanjem segrevamo na vretju, dokler se sladkor popolnoma ne raztopi. Odstranite z ognja in ohladite.

e) Eno limono narežite na medaljone in jih dodajte v svoj vrč.

f) V vrč dodajte svoje cvetove lila, limonin sok, sirup in 7 skodelic vode. Mešajte, da se združi.

76. Hibiskusova limonada

SESTAVINE:
ZA ENOSTAVNI SIRUP:
- 1 skodelica granuliranega sladkorja
- 2 skodelici vode
- ½ skodelice posušenih cvetov hibiskusa

ZA LIMONADO:
- 5 skodelic hladne vode
- 2 skodelici limoninega soka
- 1 limona, na tanke rezine
- Ledene kocke
- Sveža meta za okras

NAVODILA:
IZDELAVA PREPROSTEGA SIRUPA:
a) V majhni ponvi, ki jo postavite na srednje močan ogenj, zmešajte sladkor, 2 skodelici vode in posušene cvetove hibiskusa.

b) Zmes zavrite in mešajte, dokler se sladkor popolnoma ne raztopi.

c) Odstranite z ognja in pustite, da se ohladi 10 do 15 minut.

d) Precedite sirup skozi sito z drobnimi mrežicami in s hrbtno stranjo žlice pritiskajte na cvetove, da izločite njihov okus. Uporabljene cvetove hibiskusa zavrzite.

PRIPRAVA LIMONADE:
e) V 2-litrskem vrču zmešajte hladno vodo, limonin sok in ohlajen hibiskusov sirup. Dobro premešajte, da se premeša.

f) V vrč dodajte rezine limone.

g) V visoke kozarce položite več kock ledu in rezino limone.

h) Vsak kozarec napolnite z mešanico hibiskusove limonade.
i) Vsako porcijo potresemo z vejico sveže mete in postrežemo s slamico.

77. Bazilika limonada

SESTAVINE:
- 1¼ skodelice sveže iztisnjenega limoninega soka in rezine limone za okras
- ½ skodelice medu ali agavinega sirupa
- 1 skodelica tesno zapakiranih svežih listov bazilike, z dodatkom za okras
- 3 skodelice hladne vode
- Ledene kocke

NAVODILA:
a) V mešalniku zmešajte limonin sok, med (ali agavo) in baziliko. Mešajte, dokler zmes ni zelo gladka.
b) Mešanico precedite v vrč ali velik kozarec, da odstranite vse trdne delce.
c) Dodajte vodo in ohladite, dokler niste pripravljeni za serviranje.
d) Postrezite z ledom, okrašeno z rezinami limone in listi sveže bazilike. Uživajte!

78. Cilantro limonada

SESTAVINE:
- 1 ½ skodelice svežega limoninega soka
- 1 pol litra vrele vode
- ½ skodelice cilantra, opranega in narezanega
- 2 jalapena, brez semen in narezana
- Med po okusu

NAVODILA:
a) Za začetek prelijte jalapeno in cilantro z vrelo vodo.
b) Pustite, da se ohladi približno 4 ure.
c) Dodajte limonin sok in med po okusu.

79. Limonada z borago

SESTAVINE:

- 1/4 skodelice sveže iztisnjenega limoninega soka
- 2 žlici sladkorja (prilagodite okusu)
- 4 listi borage
- 2 skodelici vode

NAVODILA:

a) Vse sestavine dajte v mešalnik.

b) Mešajte približno 30 sekund, dokler se dobro ne poveže.

c) Mešanico precedite čez izdatno količino ledu v visok kozarec.

d) Okrasite svojo limonado s cvetovi borage za dodaten pridih okusa in lepote.

80. Limonada z limonino verbeno

SESTAVINE:

- 2 ½ funta svežega ananasa, olupljenega, strženega in narezanega
- 2 skodelici sveže iztisnjenega limoninega soka
- 1 ½ skodelice granuliranega sladkorja
- 40 velikih listov limonske verbene
- 4 skodelice vode

NAVODILA:

a) V velikem mešalniku zmešajte sesekljan ananas, limonin sok, sladkor in liste limonske verbene.

b) Zavarujte pokrov in mešanico 10 ali 12-krat pretresite, da začnete razgrajevati sestavine. Nato zaženite mešalnik, dokler zmes ne postane gladka. Morda boste morali delati v serijah, če vaš mešalnik ni dovolj velik.

c) Zmešano mešanico precedite skozi sito z drobno mrežico v 2- -litrski ali večji vrč. S hrbtno stranjo žlice potisnite trdno snov skozi sito. Imeti morate vsaj 4 skodelice tekočine.

d) Prilijemo vodo in premešamo, da se združi.

e) Ananasovo limonino verbeno limonado postrezite v kozarcih, napolnjenih s kockami ledu, in vsak kozarec okrasite z vejicami limonine verbene za dodaten pridih svežine in okusa. Uživajte!

81. Rožmarinova limonada

(po 1 skodelico)

SESTAVINE:

- 2 skodelici vode
- 2 vejici svežega rožmarina
- ½ skodelice sladkorja
- ½ skodelice medu
- 1-¼ skodelice svežega limoninega soka
- 6 skodelic hladne vode
- Ledene kocke
- Dodatne rezine limone in sveže vejice rožmarina (neobvezno)

NAVODILA:

a) V majhni kozici zavrite 2 skodelici vode, nato dodajte vejice rožmarina. Ogenj zmanjšamo in pokrito dušimo 10 minut.

b) Odstranite in zavrzite vejice rožmarina. Mešajte sladkor in med, dokler se popolnoma ne raztopita. To mešanico prenesite v vrč in ohladite 15 minut.

c) Dodajte svež limonin sok in vmešajte hladno vodo.

d) Postrezite rožmarinovo limonado z ledom. Po želji okrasite z dodatnimi rezinami limone in svežimi vejicami rožmarina za dodaten pridih okusa in predstavitve.

e) Uživajte v osvežilni rožmarinovi limonadi, čudovitem preobratu klasične limonade!

82. Limonada iz limonske trave

SESTAVINE:

- 1½ skodelice sladkorja
- 8½ skodelic vode, razdeljeno
- 1 tuba vmesne paste z limonsko travo
- 1 skodelica svežega limoninega soka
- Ledene kocke

NAVODILA:

a) V ponvi zmešajte 1½ skodelice sladkorja in 1½ skodelice vode. Zmes segrevajte na zmernem ognju in mešajte, dokler se sladkor popolnoma ne raztopi. Tako nastane preprost sirup.

b) Preprostemu sirupu dodajte pasto Gourmet Garden™ Lemongrass Stir-In in dobro premešajte, da prepojite okus limonske trave.

c) V ločeni posodi zmešajte svež limonin sok, preprost sirup z limonsko travo in preostalih 7 skodelic vode. Mešanico dobro premešajte.

d) Limonado z limonsko travo ohladite v hladilniku, da zagotovite, da je prijetna in hladna.

e) Pri serviranju limonado z limonsko travo prelijemo s kockami ledu v kozarcih.

f) Uživajte v tej edinstveni in osvežilni limonadi z limonsko travo s čudovitim okusom limonske trave!

83. Limonada hibiskus bazilika

SESTAVINE:
- 2 unči vodke
- 1 unča svežega limoninega soka
- 1 unča sirupa hibiskusa
- 3-4 listi bazilike
- Club Soda
- Ledene kocke
- Kolo dehidrirane limone in listi bazilike za okras

NAVODILA:
a) V shakerju za koktajle zmešajte vodko, svež limonin sok, hibiskusov sirup in liste bazilike.
b) Liste bazilike nežno premešajte, da sprostijo svoje okuse.
c) V stresalnik dodajte ledene kocke in močno stresajte, dokler ni mešanica dobro ohlajena.
d) Precedite koktajl v kozarec Collins, napolnjen s kockami ledu.
e) Pijačo dopolnite z gazirano pijačo do želene stopnje gaziranosti.
f) Okrasite limonado iz hibiskusa z baziliko z dehidriranim limoninim kolesom in nekaj listi sveže bazilike.
g) Uživajte v tem živahnem in osvežilnem koktajlu s čudovito kombinacijo okusov hibiskusa, bazilike in limone!

84. Limonada z morskim mahom

SESTAVINE:
- 5 limon
- 4 žlice gela morskega mahu
- 3 skodelice vode
- 1 skodelica enostavnega medenega sirupa
- 1 skodelica vode morskega mahu

NAVODILA:
a) Naredite gel morskega mahu
b) Zmešajte limonin sok in vodo morskega mahu
c) Dodajte gel morskega mahu
d) Dodajte medeni preprosti sirup
e) Dobro premešajte in uživajte!

85. Spirulina Lemonada

SESTAVINE:

- 4 skodelice vode
- 4 velike limone, stisnjene
- ½ skodelice agavinega nektarja
- 1 čajna žlička E3 Live Blue Spirulina
- 1 ščepec soli

NAVODILA:

a) Limone operemo in prerežemo na pol. S stiskalnico za citruse ali rokami iztisnite limonin sok v skledo in odstranite morebitna semena. Dobiti morate približno 1 skodelico svežega limoninega soka.

b) Zmešajte agavin nektar z limoninim sokom, dokler se dobro ne premeša.

c) V velikem vrču zmešajte vodo, agavin/limonin sok, modro spirulino in ščepec soli. Mešajte, dokler se dobro ne združi in se prah spiruline ne raztopi.

d) Ohladite ali prelijte z ledom in uživajte!

86. Limonada z morskimi algami

SESTAVINE:

- 1 unča limoninega soka
- 3 kančki grenčice Umami
- 0,5 unč Seltzer
- 0,5 unče vodke
- 1 skodelica sladkorja
- 1 skodelica kisa
- 1 skodelica vode

NAVODILA:

a) Začnite z izdelavo grma morske alge. V ponvi segrejte sladkor, vodo, kis in sladkorne alge, dokler ni vroče, vendar ne vre. Pustite stati 10-15 minut. Pustite, da se ohladi in precedite v kozarec.

b) V kozarec dodajte grm morske alge, grenčico umami, limonin sok in solter.

c) Začinite s kapljico vodke, ki vam je všeč.

d) Dodajte led, rahlo premešajte in okrasite s kolescem limone.

e) Uživajte v osvežilni limonadi z morskimi algami!

87. Chlorella limonada

SESTAVINE:
- ½ čajne žličke klorele
- Sok 1 bio limone
- ½ do 1 čajna žlička surovega medu
- Filtrirana izvirska voda ali gazirana mineralna voda
- Ledene kocke
- Limonine rezine za okras
- Po želji: 1 čajna žlička sveže naribanega ingverja

NAVODILA:
a) V kozarcu z metlico ali žlico zmešajte klorelo, sveže iztisnjen limonin sok in surovi med, dokler ne dobite gladke zmesi.
b) V kozarec dodajte ledene kocke in rezine limone.
c) Napolnite kozarec z vodo po vaši izbiri, naj bo to filtrirana izvirska voda za blažji okus ali peneča mineralna voda za malo penečega.
d) Če želite, dodajte sveže nariban ingver za dodatno plast okusa in koristi za zdravje.
e) Dobro premešamo, da se vse sestavine povežejo.
f) Popijte in uživajte v tej osvežilni in izjemno vlažilni limonadi Chlorella. To je odličen način, da povečate svojo energijo in prehrano, hkrati pa ostanete osveženi!

88. Matcha limonada iz zelenega čaja

SESTAVINE:
- 2 skodelici tople vode
- ½ čajne žličke zelenega čaja Epic Matcha v prahu
- 1 skodelica čistega trsnega sladkorja
- ½ skodelice sveže iztisnjenega limoninega soka
- 1 ½ litra hladne vode

NAVODILA:
a) V velikem vrču mešajte zeleni čaj Matcha v prahu in sladkor v vroči vodi, dokler se oboje popolnoma ne raztopi.
b) Ko sta Matcha in sladkor raztopljena, mešanici dodajte sveže iztisnjen sok limone (ali limete).
c) Zalijemo z 1 ½ litra hladne vode in dobro premešamo, da se vse sestavine povežejo.
d) Vrč postavite v hladilnik in pustite Matcha limonado iz zelenega čaja (ali limetino) hladiti vsaj 30 minut.
e) Ko je dovolj ohlajen, ga dobro premešamo in pripravljen je za postrežbo.
f) Osvežilno pijačo natočite v kozarce z ledenimi kockami in po želji okrasite z rezinami limone ali limete.
g) Uživajte v domači limonadi ali limonadi iz zelenega čaja Matcha, čudoviti mešanici citrusov in zemeljske dobrote matche!

89. Ledena kava limonada

SESTAVINE:
ZA LIMONADO:
- $\frac{1}{2}$ skodelice svežega limoninega soka (približno 3-4 limone)
- $\frac{1}{4}$ skodelice granuliranega sladkorja (prilagodite okusu)
- $\frac{1}{2}$ skodelice hladne vode

ZA KAVO:
- 1 skodelica kuhane kave, ohlajene na sobno temperaturo ali ohlajene
- $\frac{1}{2}$ skodelice mleka (lahko uporabite mlečno ali nemlečno mleko po vaši izbiri)
- 1-2 žlici sladkanega kondenziranega mleka (prilagodite okusu)
- Ledene kocke

NAVODILA:
a) Začnite s pripravo limonade. V vrču zmešajte svež limonin sok in granulirani sladkor. Dobro premešajte, dokler se sladkor popolnoma ne raztopi.

b) Mešanici limon dodajte $\frac{1}{2}$ skodelice hladne vode in premešajte, da se združi. Okusite in prilagodite sladkost ali trpkost tako, da po potrebi dodate več sladkorja ali limoninega soka.

c) V ločeni posodi pripravite kuhano kavo. Uporabite lahko metodo prelivanja, francosko stiskalnico ali katero koli želeno metodo priprave kave. Pustite, da se kava ohladi na sobno temperaturo ali pa jo ohladite v hladilniku.

d) Ko je kava pripravljena, jo dodajte v ločen vrč. Prilijemo mleko po vaši izbiri in sladkano kondenzirano mleko po okusu. Dobro premešajte, da se poveže. Sladkost

prilagodite svojim željam, tako da po želji dodate več sladkanega kondenziranega mleka.
e) Napolnite dva kozarca z ledenimi kockami.
f) Pripravljeno mešanico kave prelijemo čez ledene kocke, tako da vsak kozarec napolnimo približno do polovice.
g) Nato kavno mešanico v vsakem kozarcu prelijte z domačo limonado in napolnite preostali del kozarca.
h) Nežno premešamo, da se okusi povežejo.
i) Po želji okrasite z rezinami limone ali vejico mete.
j) Takoj postrezite svojo osvežilno ledeno kavno limonado in uživajte v čudoviti mešanici okusov kave in limonade.
k) Neobvezno: Dodate lahko tudi kanček aromatiziranega sirupa, kot je vanilijev ali karamelni, za dodatno plast sladkosti in okusa.
l) Eksperimentirajte z razmerjem med limonado in kavo, da bo ustrezalo vašemu okusu. Uživajte!

90. Limonada Earl Grey

SESTAVINE:

- 4 čajne vrečke Earl Grey
- 1 skodelica (236 ml) svežega limoninega soka
- 3 žlice medu (ali po okusu)
- Ledene kocke
- Rezine limone in pomaranče za okras
- Listi sveže mete za okras

NAVODILA:

a) Začnite z dodajanjem čajnih vrečk Earl Grey v toplotno odporen vrč ali vrč.
b) Čajne vrečke prelijte s 4 skodelicami vrele vode in jih pustite stati 4-5 minut. Nato odstranite čajne vrečke.
c) Vmešajte med, ko je čaj še vroč, da se stopi in zmeša s tekočino. Pustite, da se mešanica ohladi na sobno temperaturo.
d) Ko se čaj ohladi, vmešajte svež limonin sok. Okusite mešanico in prilagodite sladkost z dodajanjem več medu, če želite.
e) Napolnite kozarce z ledenimi kockami.
f) V vsak kozarec nalijte limonado Earl Grey čez led.
g) Svojo osvežilno pijačo okrasite z rezinami limone in pomaranče ter dodajte nekaj listov sveže mete za dodaten izbruh okusa in arome.
h) Postrezite limonado Earl Grey na vroč poletni dan in uživajte v čudoviti mešanici čaja z bergamotko in pikantne limonade.
i) Usedite se, sprostite se in uživajte v trpkih, pikantnih in slastnih okusih te osvežilne pijače.

91. Breskova limonada s črnim čajem

SESTAVINE:

- 1 zrela srednje velika breskev, brez lupine
- ½ limone
- 2 skodelici črnega čaja (ali zelenega čaja po želji)
- 2 žlici preprostega sirupa (zgornja navodila)
- 1 skodelica ledenih kock

NAVODILA:

a) Začnite tako, da iztisnete sok iz polovice limone in ga postavite na stran.

b) Zrelo breskev narežemo na koščke in jih damo v blender.

c) V mešalnik dodajte prihranjen limonin sok, črni čaj (ali zeleni čaj, če želite) in preprost sirup. Količino preprostega sirupa prilagodite svojemu okusu; dodajte več, če imate raje slajšo pijačo.

d) Vse sestavine mešajte, dokler ne dobite gladke in dobro zmešane zmesi.

e) Zmešano mešanico precedite v vrč ali vrč z veliko ledenimi kockami ali zdrobljenim ledom.

f) Takoj postrezite svojo domačo limonado s črnim čajem breskev za osvežilno in sladko-kipko poletno pijačo.

92. Chai malinova limonada

SESTAVINE:
- ¾ skodelice ledu
- 1 unča koncentrata limonade, 7+1, odmrznjena
- 1 unča malinovega sirupa
- 2 unči Original Chai Tea Latte
- 6 unč limonino-limetine sode
- 2 sveži rdeči malini
- 1 rezina limone, obrezana in narezana

NAVODILA:
a) Umijte si roke in vse sveže, nepakirane izdelke pod tekočo vodo. Dobro odcedite.
b) V kozarec za pijačo s 16 unčami položite led.
c) Koncentrat limonade, malinov sirup, koncentrat chai čaja in limonino-limetino sodo prelijte po ledu in temeljito premešajte z žlico z dolgim ročajem.
d) Maline nabodemo ali naberemo.
e) Narezano limono prerežite do polovice.
f) Na rob kozarca nataknite narezano limono in malinovo nabodalo.
g) Uživajte v malinovi limonadi Chai!

93. Limonada Kombucha

SESTAVINE:
- 1¼ skodelice sveže iztisnjenega limoninega soka
- 15 skodelic zelenega čaja ali oolong kombuče

NAVODILA:
a) V vsako 16-unčno steklenico nalijte 2 žlici limoninega soka.
b) S pomočjo lijaka napolnite steklenice s kombučo, tako da v vsakem ozkem grlu pustite približno 1 cm prostora.
c) Steklenice tesno zamašite.
d) Steklenice postavite na toplo mesto, približno 72 °F, da fermentirajo 48 ur.
e) 1 steklenico hranite v hladilniku 6 ur, dokler ni popolnoma ohlajena.
f) Odprite steklenico in okusite kombučo. Če je po vašem mnenju mehurčkast, ohladite vse steklenice, da ustavite fermentacijo.
g) Ko dosežete želeno šumenje in sladkobo, ohladite vse steklenice, da ustavite fermentacijo.
h) Pred serviranjem precedite, da odstranite in zavržete še prisotne pramene kvasa.

94. Začinjena jabolčna limonada

SESTAVINE:

- 3 limone
- 1-palčni kos ingverja
- 1 pest svežih listov mete
- ½ vanilijevega stroka
- 2 stroka kardamoma
- 1 cimetova palčka
- 2 jagodi pimenta
- 2 stroka zvezdastega janeža
- ½ skodelice sladkorja
- 2½ skodelice nefiltriranega jabolčnega soka

NAVODILA:

a) Iz limon iztisnemo sok.
b) Ingver olupimo in na tanko narežemo.
c) Odstranite liste mete.
d) Strok vanilje vzdolžno prerežemo, strok kardamoma zdrobimo.
e) V ponvi zmešajte ingver, limonin sok, liste mete, zdrobljen kardamom, cimetovo palčko, jagode pimenta, stroke zvezdastega janeža, sladkor in 200 ml (približno 7 unč) vode. Mešanico segrevajte, vendar pazite, da ne zavre.
f) Pustite mešanico stati 15 minut, da se okusi prepojijo.
g) Napolnjeno mešanico precedite skozi fino cedilo, da odstranite trdne sestavine. Pustite, da se tekočina ohladi.
h) Ko se tekočina ohladi, vmešajte ohlajen nefiltriran jabolčni sok in dobro premešajte, da se poveže.
i) Začinjeno jabolčno limonado nalijemo v kozarce in postrežemo.

95. Limonada s kurkumo

SESTAVINE:

- 1 olupljena in naribana korenina kurkume
- Sok 2 limon
- 4 skodelice vode
- 1 žlica ali po okusu med/javorjev sirup
- 1 žlica sesekljanih listov mete

NAVODILA:

a) Korenino kurkume olupimo in naribamo.

b) Dodajte 1 skodelico vode v majhno ponev.

c) Dodamo naribano kurkumo, na srednjem ognju zavremo in nato ogenj ugasnemo.

d) Precedite, da dobite bistro tekočino in jo odstavite, da se ohladi.

e) V vrču zmešajte limonin sok, med in vodo s kurkumo.

f) Premešajte, poskusite in po potrebi dodajte več medu ali limoninega soka.

g) Dodamo sesekljane liste mete, ledene kocke in še enkrat dobro premešamo.

h) Kurkumino limonado postrezite ohlajeno.

96. Masala limonada

SESTAVINE:

- 3 limone, iztisnjene v soku
- 1 skodelica sladkorja
- 4 skodelice vode
- ½ palca zdrobljenega ingverja
- 1 čajna žlička kumine v prahu
- ¼ čajne žličke črnega popra v prahu
- 1 čajna žlička črne soli
- Peščica listov mete
- 1 ščepec jedilne sode (neobvezno)

NAVODILA:

a) V skledo iztisnemo sok iz limon.

b) Limoninemu soku dodamo sladkor, zdrobljen ingver in liste sveže mete. Dodajte 1 kozarec vode.

c) Vse dobro premešamo, dokler se sladkor popolnoma ne raztopi.

d) Sok filtrirajte, da odstranite vso pulpo ali trdne delce.

e) Precejenemu soku dodajte črni poper v prahu, kumino v prahu in črno sol. Vse temeljito premešajte.

f) Mešanici dodajte ledene kocke, da se ohladi.

g) Če imate raje gazirano limonado, lahko po želji dodate ščepec jedilne sode.

h) To osvežilno in okusno limonado Masala postrezite v kozarcih med časom za čaj ali k večernim prigrizkom. Uživajte v čudoviti mešanici začimb in limone!

97. Limonada s čajem

SESTAVINE:
- 2½ skodelice vode
- ¼ skodelice javorjevega sirupa (ali medu ali agavinega sirupa)
- 1 žlica sesekljane sveže korenine ingverja
- 3 zeleni stroki kardamoma, zdrobljeni
- 4 cele nageljne
- 1 majhna cimetova palčka
- ½ skodelice sveže iztisnjenega limoninega soka

NAVODILA:
a) V srednji ponvi na srednjem ognju zavrite vodo. Pustite vreti 2 minuti, nepokrito.
b) V vrelo vodo dodajte javorjev sirup, sesekljan ingver, zdrobljene stroke kardamoma, nageljnove žbice in cimetovo palčko. Dobro premešamo in zmes zavremo. Občasno premešamo.
c) Odstavite ponev z ognja in jo pokrijte s pokrovko. Mešanico pustimo počivati 20 minut, da se začimbe prepojijo.
d) Napolnjeno tekočino precedite skozi več plasti gaze ali cedilo z drobnimi mrežami v velik kozarec za konzerviranje ali vrč, da odstranite začimbe.
e) Precejeno tekočino ohladite, dokler ni popolnoma hladna.
f) Primešamo sveže iztisnjen limonin sok.
g) Postrezite s čajem začinjeno limonado z ledom. Za dodatno osvežitev lahko po želji dodate kanček gazirane vode ali žgane pijače.

h) Vse ostanke limonade lahko hranite v hladilniku do 3 dni ali zamrznete za daljše shranjevanje. Uživajte v tem edinstvenem in okusnem pridihu limonade!

98. Limonada z vročo omako

SESTAVINE:
- 1-litrska klubska soda
- 2 skodelici belega ruma
- 6-unčna pločevinka zamrznjenega koncentrata limonade
- ¼ skodelice svežega limoninega soka
- 1 čajna žlička pekoče omake
- Zdrobljen led po želji

NAVODILA:
a) V vrču nežno zmešajte sodo, beli rum, zamrznjen koncentrat limonade, svež limonin sok in pekočo omako.

b) Začinjeno mešanico limonade nalijte v kozarce, napolnjene z zdrobljenim ledom.

c) Postrezite to osvežilno in pikantno pikantno limonado na naslednjem srečanju prijateljev in družine za čudovito in nepozabno pijačo.

d) Uživaj odgovorno!

99. Indijska začinjena limonada

SESTAVINE:
ZA ENOSTAVNI SIRUP:
- 1 skodelica sladkorja
- 1 skodelica vode
- Iztis limoninega soka (da preprečite kristalizacijo)

ZA LIMONADO:
- Preprost sirup (po okusu)
- 1 skodelica sveže iztisnjenega limoninega ali limetinega soka
- 4 skodelice hladne vode
- Opečena in zdrobljena semena kumine (neobvezno)
- Kosmiči morske soli (neobvezno, za obrobljanje kozarca)

OKRASI:
- Listi sveže mete (neobvezno)
- Sveži listi limonine verbene (neobvezno)
- Listi sveže bazilike (neobvezno)

NAVODILA:
IZDELAVA PREPROSTEGA SIRUPA:
a) V ponvi na srednje nizkem ognju zmešajte 1 skodelico sladkorja in 1 skodelico vode.
b) Mešanici dodajte iztisnjen limonin sok, da preprečite kristalizacijo.
c) Zmes premešamo in pustimo kuhati, da se sladkor popolnoma raztopi.
d) Odstranite ponev z ognja in pustite, da se preprost sirup ohladi.

IZDELAVA LIMONADE:
e) V vrču zmešajte 1 skodelico sveže iztisnjenega limoninega ali limetinega soka s 4 skodelicami hladne vode.

f) Po okusu vmešajte preprosti sirup. Sladkost prilagodite svojim željam z dodajanjem bolj ali manj preprostega sirupa.

SERVIRANJE:

g) Po želji lahko kozarec obrobite s kosmiči morske soli za dodaten okus.

h) Z rezino limete ali limone potegnite po robu kozarca, da ga navlažite.

i) Navlažen rob pomočite v krožnik s kosmiči morske soli, da obrobite kozarec.

j) Napolnite kozarec z ledenimi kockami.

k) Mešanico limonade prelijte čez ledene kocke v kozarcu.

l) Indijsko začinjeno limonado po želji okrasite s svežimi listi mete, listi limonske verbene ali listi bazilike.

100. Lavender Lemon Drop

SESTAVINE:
- 2 unči vodke s sivko
- 1 unča Triple Sec
- ½ unče svežega limoninega soka
- Vejica sivke za okras

VODKA S SIVKO:
- ¼ skodelice posušenih kulinaričnih popkov sivke
- 1 skodelica vodke

NAVODILA:
VODKA S SIVKO
a) V čistem steklenem kozarcu zmešajte posušene popke sivke in vodko.

b) Zaprite kozarec in ga pustite stati na hladnem in temnem mestu približno 24-48 ur, da se napolni. Občasno poskusite, da dosežete želeno raven okusa sivke.

c) Ko se vodka napolni po vaših željah, jo precedite skozi fino mrežasto cedilo ali gazo, da odstranite popke sivke. Prenesite vodko, prepojeno s sivko, nazaj v čisto steklenico ali kozarec.

ZA LAVANDA LEMON DROP:
d) Napolnite shaker za koktajle z ledom.

e) V stresalnik dodajte 2 unči vodke z dodatkom sivke, 1 unčo Triple Seca in ½ unče svežega limoninega soka.

f) Močno stresajte, dokler se dobro ne ohladi.

g) Mešanico precedite v ohlajen kozarec za martini.

h) Okrasite svoj Lavender Lemon Drop z vejico sveže sivke.

i) Uživajte v svojem koktajlu Lavender Lemon Drop s čudovitimi cvetličnimi in citrusnimi notami!

ZAKLJUČEK

Ko zaključujemo naše potovanje skozi "Kulinarični spremljevalec ljubiteljev limon", upamo, da ste naužili svežega in aromatičnega sveta užitkov, polnih limon. Limone imajo edinstveno sposobnost, da popestrijo in izboljšajo jedi na nešteto načinov, zdaj pa ste postali mojster v izkoriščanju njihove kulinarične magije.

Spodbujamo vas, da nadaljujete z raziskovanjem kreacij, ki jih navdihuje limona, eksperimentirate z novimi recepti in delite svoje okusne jedi z družino in prijatelji. Vsaka jed, ki jo pripravite, je dokaz veselja do kuhanja z limonami in živahnih okusov, ki jih prinašajo na mizo.

Hvala, ker ste del te citrusne kulinarične avanture. Naj pridobljeno znanje in veščine še naprej osvetljujejo vašo kulinarično pot, vaši obroki pa naj bodo vedno napolnjeni s sončno razpoloženjem limon. Veselo kuhanje!

www.ingramcontent.com/pod-product-compliance
Lightning Source LLC
Chambersburg PA
CBHW071307110526
44591CB00010B/815